Auf den Spuren alter KULTUREN

So lebten unsere Vorfahren

Auf den Spuren alter KULTUREN

So lebten unsere Vorfahren

von
Hazel Mary Martell

Deutsch von Sebastian Vogel

BUCH UND ZEIT BZ

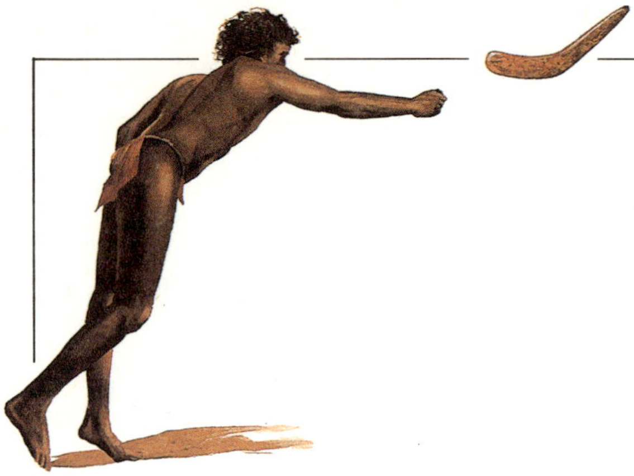

Wissenschaftliche Beratung: Dr. Paul Bahn
Deutsche Übersetzung: Dr. Sebastian Vogel
Umschlaggestaltung: Ruth Esser

Printed in Italy
ISBN 3-8863-0291-6
603203/302306

INHALT

EINLEITUNG

Von der Zeit der ersten Menschen bis zum Ende des 6. Jahrhunderts v. Chr. entwickelten sich in den einzelnen Teilen der Erde viele verschiedene Kulturen. Manche davon waren nur von kurzer Dauer, andere blieben jahrhundertelang fast unverändert erhalten. Ihre vielfältigen Hinterlassenschaften, die die Archäologen untersuchen und erklären, vermitteln uns ein Bild vom Alltagsleben in ferner Vergangenheit.

Die Archäologen graben alte Orte aus und stellen an den Funden wissenschaftliche Untersuchungen an, unter anderem an Werkzeugen, Waffen, Fahrzeugen, Kleidung und Schmuck, aber auch an den Überresten von Gebäuden, Straßen und Erdarbeiten. Ebenso wichtig sind die biologischen Funde.

◆ *Archäologen bei Ausgrabungen. Jede Bodenschicht wird sorgfältig nach Spuren durchsucht.*

◆ *Eine Frau, die etwa 95 n. Chr. starb und in einem dänischen Torfmoor erhalten blieb – ein aufschlußreicher Fund.*

Biologische Funde sind die Reste von Pflanzen und Tieren. Sie liefern Hinweise auf die Umweltbedingungen früherer Zeiten sowie auf Ernährung, Nahrungszubereitung und Arbeitsalltag.

Manchmal findet man auch die Überreste von Menschen; durch Untersuchung der Knochen und Zähne kann man das Geschlecht bestimmen und das Alter der betreffenden Person beim Tod abschätzen. Die Knochen geben auch Hinweise auf manche Krankheiten, an denen der Mensch gelitten hat, wie zum Beispiel die Arthritis. Gelegentlich findet man Spuren von Knochenbrüchen und anderen Verletzungen; an ihnen zeigt sich, wie die Menschen lebten und starben und wie man sie nach einer Verwundung versorgte.

◆ *Meeresungeheuer in einer Felszeichnung der Nootka-Indianer, die in prähistorischer Zeit in Nordamerika lebten. Diese Zeichnungen wurden in der Nähe des Sproat Lake in der kanadischen Provinz British Columbia gefunden.*

Bei den ausgegrabenen Funden handelt es sich vielfach um Gegenstände, die die Menschen weggeworfen oder verloren haben. In manchen Fällen wurden sie aber auch absichtlich zusammen mit einem Toten begraben, weil sie ihm im nächsten Leben nützlich sein sollten. Da es sich bei solchen Grabbeigaben häufig um wertvolle Gold- oder Silbergegenstände handelte, wurden viele Gräber schon bald nach der Bestattung geplündert; deshalb findet man solche Spuren nur selten.

Weitere Spuren des Lebens in der Vergangenheit sind Felsmalereien und Schnitzereien. Porträtzeichnungen und Statuen liefern Hinweise auf Aussehen und Kleidung. In manchen Kulturen wurden bei den Toten auch Tonfiguren begraben, die Menschen bei der Arbeit, Häuser, Boote oder sogar Schweineställe darstellten. Mit Hilfe von Münzen, die man an einer Ausgrabungsstätte findet und die einen bekannten Herrscher zeigen, können die Archäologen ihre Funde datieren. Außerdem sucht man zur Altersbestimmung nach Stilveränderungen bei den Funden. Holzgegenstände, die bis zu 8000 Jahre alt sind, kann man mit der *Dendrochronologie* datieren, der Analyse der Jahresringe. Noch ältere Holzfunde und andere biologische Materialien (z.B. Knochen) datiert man mit der *Radiokarbonmethode,* und bei Keramik setzt man die *Thermolumineszenz* ein. (Alle Fachbegriffe, die in diesem Buch vorkommen, werden im Glossar auf den Seiten 145-147 genau erklärt.)

Die schriftlichen Überlieferungen aus der Welt der Vergangenheit bereiten häufig Schwierigkeiten. Manche von ihnen kann man bis heute nicht entziffern. Mythen, Legenden und Geschichte vermischen sich, so daß man nicht genau sagen kann, ob ein schriftlicher Bericht wahr ist. Dennoch tragen auch Schriften zu unserer Kenntnis alter Kulturen bei. Manchmal finden sich darin sogar persönliche Einzelheiten, so in einem Brief einer römischen Mutter an ihren Sohn, einen Soldaten in der Armee am Hadrianswall, in dem sie ihm mitteilt, sie wolle ihm Unterwäsche und Socken schicken.

◆ *Briefe aus der Festung Vindolanda unmittelbar südlich des Hadrianswalles in Großbritannien. Es handelt sich um Einladungen zu einer Geburtstagsfeier, die zu Beginn des 2. Jahrhunderts n. Chr. verfaßt wurden.*

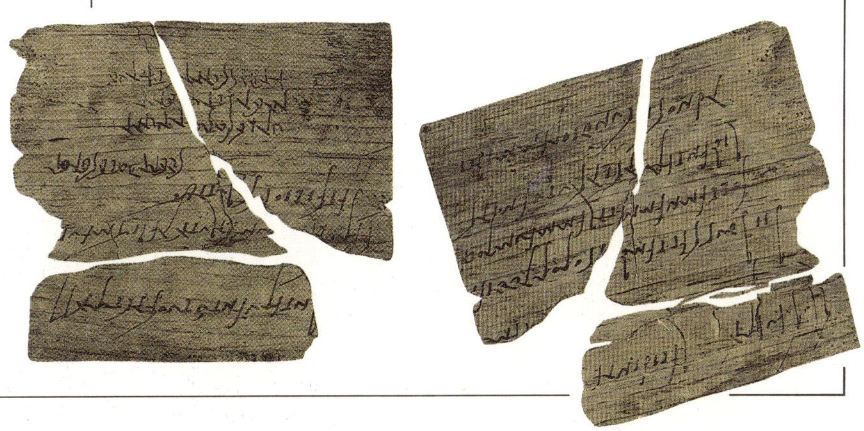

Geschichte als Puzzlespiel

Die Gegenstände und Gebäude, die Archäologen bei ihren Ausgrabungen finden, sind nur ein Bruchteil dessen, was sich ursprünglich dort befand. Holz, Textilien und Leder sind meist zerfallen. Gebäude aus Stein wurden von späteren Generationen abgerissen, weil sie die Steine für andere Zwecke benutzen wollten. Manche Stätten wurden viele Male neu bebaut und geben ihre Geheimnisse erst dann preis, wenn man die alten Fundamente freilegt.

◆ *Ein archäologischer Fund aus dem Iran, vermutlich aus dem 5. Jahrhundert v. Chr.: ein goldener Trinkbecher, der wahrscheinlich einem persischen König gehörte.*

Völker wie die australischen Ureinwohner und die Indianer, die im Einklang mit ihrer Umwelt lebten und ihr Wissen nur durch mündliche Überlieferung weitergaben, hinterließen kaum archäologische Spuren und keine schriftlichen Aufzeichnungen. Deshalb wurden sie von den Geschichtsschreibern des 19. und frühen 20. Jahrhunderts oft als unzivilisiert dargestellt, obwohl ihre Lebensweise viel länger erhalten blieb als die der Griechen und Römer.

◆ *Sorgfältig entfernt ein Archäologe die Erde von einem Knochenfund.*

Die Datierung weit zurückliegender Ereignisse ist schwierig, und nicht alle Zeitangaben stimmen genau. Nicht exakt bekannte Daten werden durch die Abkürzung ca. (für circa = ungefähr) gekennzeichnet. Außerdem finden sich in diesem Buch im Zusammenhang mit Jahreszahlen die Abkürzungen „v. Chr.“ (vor Christi Geburt) und „n. Chr.“ (nach Christi Geburt). Dieses System hängt mit der christlichen Zeitrechnung zusammen, in deren Jahr 1 Christus geboren sein soll. (Nach der heutigen Kenntnis der Historiker wurde er in Wirklichkeit ca. 5 v. Chr. geboren.) Andere Religionen verwenden eine andere Zeitrechung (Kalender).

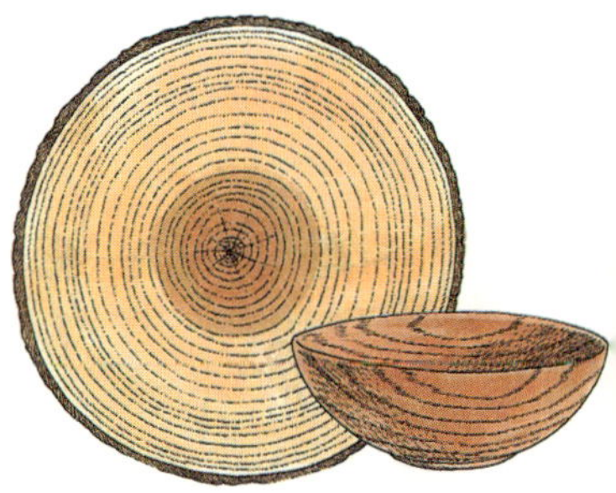

◆ *Das Alter von Holz kann man anhand der Jahresringe bestimmen; dieses Datierungsverfahren nennt man Dendrochronologie.*

Im 19. Jahrhundert teilte man die Vergangenheit in der Archäologie danach ein, aus welchem Material die Menschen Werkzeuge und Waffen herstellten. So entstanden die Begriffe Steinzeit, Bronzezeit und Eisenzeit. Für Europa eignete sich diese Unterscheidung gut, denn hier verlief der Übergang von Stein über Bronze zu Eisen überall fast zur gleichen Zeit, aber für andere Erdteile traf die Einteilung nicht zu. Die alten Chinesen verwendeten Bronze zum Beispiel schon viel früher als die Europäer. In Afrika gingen viele Völker unmittelbar von Stein- zu Eisenwerkzeugen über, und in Amerika verwendete man Metalle nur zur Zierde, während alles andere aus Stein hergestellt wurde.

◆ *Dieses Steinrelief aus Mesopotamien zeigt Schreiber, die ihr Handwerk erlernen.*

Abgesehen vom nächsten Kapitel, das über Vorgänge auf der ganzen Welt berichtet, ist dieses Buch geographisch eingeteilt. Jedes Kapitel erzählt von einer anderen Gegend wie dem alten Ägypten oder dem Industal. Dabei darf man nicht vergessen, daß vielfach Hochkulturen in verschiedenen Gegenden der Welt gleichzeitig existierten. Während die Ägypter zum Beispiel ihre Pyramiden bauten, errichteten die Menschen in Britannien Stonehenge, und in Peru zogen die Bauern auf kunstvoll angelegten Terrassen Baumwolle und Kartoffeln heran.

◆ *Luftaufnahmen geben manchmal Hinweise auf Fundorte, die sonst nur schwer zu sehen sind, wie diese Überreste einer keltischen Hügelfestung in Irland.*

Durch Handel, öfter aber durch Streitigkeiten und Krieg, trafen die Menschen verschiedener Kulturen aufeinander. Überschwemmungen, Dürre und Bevölkerungswachstum veranlaßten sie, zu wandern und ihre Lebensweise der neuen Umgebung anzupassen.

Die Karten in diesem Buch verdeutlichen die Wege, auf denen sich die verschiedenen Kulturen ausbreiteten. Sie zeigen Handelswege wie zum Beispiel die Seidenstraße, Kriegs- und Eroberungszüge und die Verbreitung neuer Kenntnisse und Fertigkeiten wie zum Beispiel die Eisenverhüttung.

Die Zeittafel auf den Seiten 148-151 gibt einen Überblick darüber, was sich zur gleichen Zeit in verschiedenen Teilen der Erde ereignete.

ILLUSTRAZIONE DEL POPOLO
Supplemento della Gazzetta del Popolo

◆ *Manchmal erregen archäologische Funde großes Aufsehen. Das Titelbild dieser italienischen Zeitung von 1924 zeigt, welche Aufregung herrschte, als Howard Carter das Grab des Pharaos Tut-ench-Amun entdeckt hatte.*

◆ Während der Eiszeiten waren große Gebiete der Erde von Eis bedeckt, und die Küstenlinien veränderten sich. In der letzten Eiszeit wurde Nordamerika besiedelt.

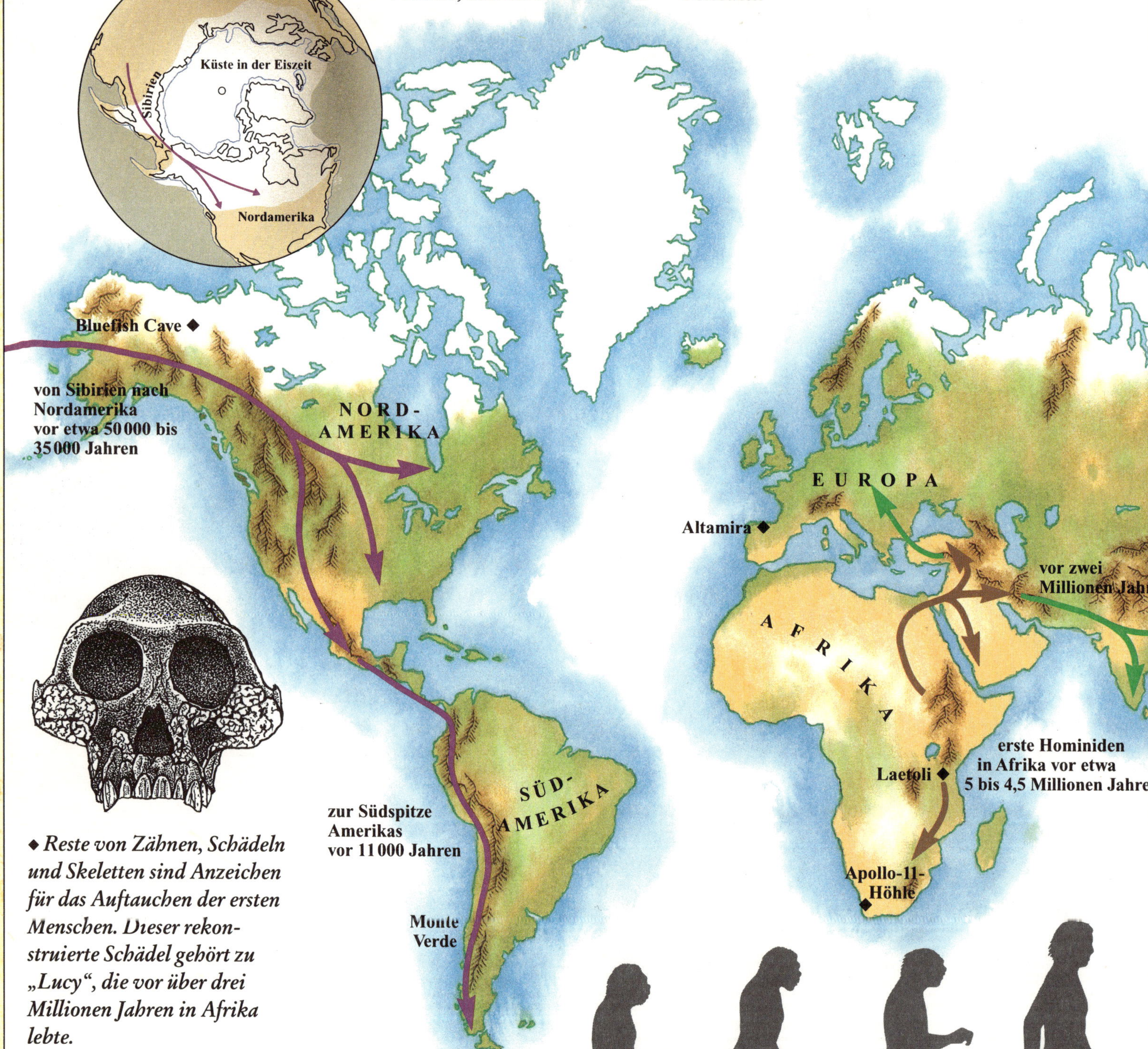

◆ Reste von Zähnen, Schädeln und Skeletten sind Anzeichen für das Auftauchen der ersten Menschen. Dieser rekonstruierte Schädel gehört zu „Lucy“, die vor über drei Millionen Jahren in Afrika lebte.

◆ Ein Hohlknochen mit gebohrten Löchern ist eines der ältesten bekannten Musikinstrumente. Aus Tierzähnen und winzigen Knochen entstand eine Halskette – beides Erzeugnisse des Homo sapiens.

◆ Die Menschen der Urzeit entwickelten sich im Laufe von Jahrmillionen und besiedelten allmählich die ganze Welt. Links erkennt man die vier wichtigsten Gruppen.

Vor- und Frühgeschichte

Als Vor- und Frühgeschichte bezeichnet man häufig die Zeit, in der es noch keine schriftlichen Aufzeichnungen gab. Dieses Kapitel konzentriert sich jedoch auf die Geschichte der Menschen von den ersten menschenähnlichen Wesen, den Hominiden, bis zum Ende der letzten Eiszeit. Die ersten bekannten Hominiden sind die Australopithecinen. Ihre versteinerten Überreste, die ältesten etwa vier Millionen Jahre alt, fand man in Tansania in Afrika. Vor zwei Millionen Jahren tauchten die ersten richtigen Menschen auf: *Homo habilis* (geschickter Mensch) und 300 000 Jahre später *Homo erectus* (aufrechter Mensch). *Homo sapiens,* der weise Mensch, entstand vor etwa 200 000 Jahren und ähnelte stark dem Jetztmenschen (*Homo sapiens sapiens*).

Die Wissenschaftler haben die Fossilien sorgfältig untersucht und so ein Bild von der Evolution des Menschen entworfen.

LEBEN IN DER EISZEIT

BIS 8000 V. CHR.

Die ersten Menschen ernährten sich durch das Sammeln von Beeren und Nüssen sowie durch die Jagd. Kleinere Tiere erlegten sie mit Speeren, größere fingen sie in Erdlöchern, die sie mit Zweigen tarnten. In warmen Gegenden wie Afrika brauchten die Menschen nichts anzuziehen, erst als sie in kältere Regionen vordrangen, stellten sie Kleidung her.

Besonders gut an das Leben in kälterem Klima angepaßt waren die Neandertaler, eine Gruppe von Frühmenschen, deren Reste man im Neandertal bei Düsseldorf gefunden hat. Ungefähr 70 000 v. Chr. besiedelten sie ganz Europa und Teile Asiens. Sie zogen Tieren mit Steinmessern die Haut ab, entfernten das Fleisch und schnitten die Tierhaut zu. Mit einer Steinnadel bohrten sie Löcher hinein, und dann nähten sie die Teile mit einem Faden aus Tiersehnen und einer Knochennadel zu Kleidungsstücken zusammen.

Als Behausung verwendete der Homo sapiens zunächst Höhlen und Felsüberhänge. Später schnitten die Menschen mit verbesserten Werkzeugen Äste von den Bäumen und benutzten sie als Stangen für Zelte aus Fell. Einige Stämme lebten als Nomaden, die das ganze Jahr über mit ihren Herden umherzogen, andere blieben stets in einer räumlich begrenzten Gegend.

Alle Gruppen des Homo sapiens wußten, wie man Feuer macht: entweder durch das Aneinanderreiben von Holzstücken oder indem man mit Steinen Funken schlug und damit ein Büschel trockenes Gras in Brand setzte.

Die Neandertaler pflegten außerdem als erste Menschen ihre Toten zu bestatten und gaben ihnen Fleisch und Werkzeuge mit ins Grab, vermutlich weil sie an ein Leben nach dem Tode glaubten.

Ab etwa 35 000 v. Chr. wurden die Neandertaler dann von den Cromagnonmenschen verdrängt; der Name weist auf den Ort in Frankreich hin, wo man ihre Überreste fand. Sie kamen vermutlich aus dem Nahen Osten nach Europa und begannen ab etwa 27 000 v. Chr. damit, Höhlen mit kunstvollen Tierbildern auszumalen. Dies ist vielleicht ein Indiz

◆ *Diese Fußspuren, die man in Laetoli in Tansania fand, wurden in Vulkanasche getreten und erhärteten später nach einem Regenguß. Sie sind fast vier Millionen Jahre alt.*

◆ *Der Homo sapiens schlug Steine gegeneinander und benutzte die Splitter als Werkzeuge. So entstanden Faustkeile, Messer, Schaber, Bohrer und Speerspitzen.*

dafür, daß sie an Magie oder Naturgottheiten glaubten.

Besonders tiefgreifend änderte sich die Lebensweise während der letzten Eiszeit, die vor etwa 100 000 Jahren begann und zwischen 23 000 und 14 000 v. Chr. die kälteste Phase erreichte. Das Polareis dehnte sich aus und bedeckte große Teile Europas, Asiens und Nordamerikas. Riesige Wassermassen, die sonst in die Ozeane geflossen wären, gefroren, so daß der Meeresspiegel weltweit sank. Die Küstenformen veränderten sich, und an manchen Stellen entstanden neue Landbrücken.

Viele Tiere und Pflanzen konnten sich nicht in ihren ursprünglichen Lebensräumen halten: Sie starben aus oder wanderten. Die Rentiere gelangten bis nach Nordspanien, während Wollmammut und Wollnashorn die nördlichen Gegenden besiedelten, wo kalte, offene Steppen an die Stelle der Wälder getreten waren. Auch die Menschen zogen in andere Regionen.

◆ *Der Homo sapiens nutzte das Feuer, um sich zu wärmen, Raubtiere zu vertreiben und Essen zu kochen. Tierhäute wurden mit Knochennadeln zusammengenäht.*

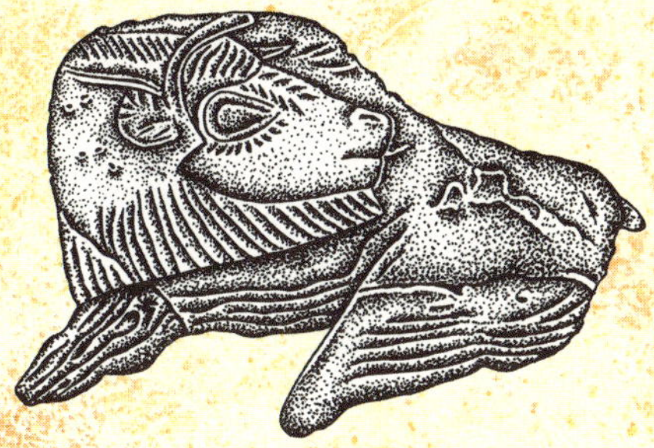

Knochenschnitzerei

◆ In der Steinzeit tauchten die ersten Schnitzereien und Felsbilder auf. Aus Knochen und Geweihen fertigte man lebensnahe Modelle von Tieren an.

Behausung aus Mammutknochen

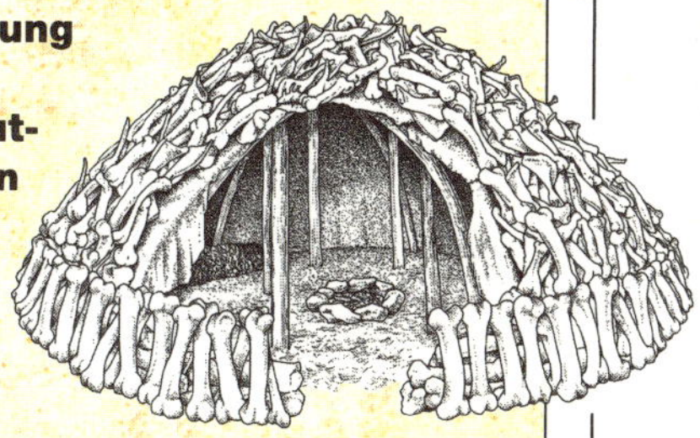

◆ In den Steppen Nordeuropas gab es nur wenige Bäume; deshalb baute man das Gerüst für die Behausungen manchmal nicht aus Ästen, sondern aus Mammutknochen.

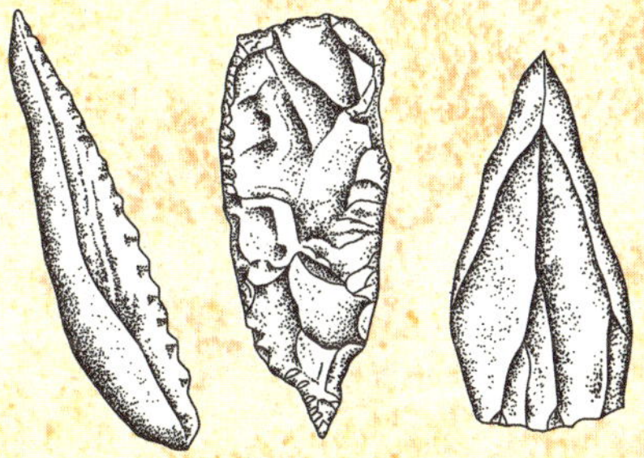

Steinwerkzeuge

◆ Aus Flint und anderen Steinsorten stellte man scharfe Werkzeuge her, zum Beispiel Messer und Schaber.

Wanderung und Sesshaftigkeit

Bis 8000 v. Chr.

Homo erectus und Homo sapiens wanderten schon lange bevor die letzte Eiszeit begann, und zwar aus vielen verschiedenen Gründen. Manchmal wuchs die Bevölkerung in einer Gegend so stark an, daß es nicht mehr genügend Nahrung gab. In anderen Fällen konnten die Menschen wegen Naturkatastrophen wie Überschwemmungen oder Dürre nicht an ihrem Wohnort bleiben. Manche Menschen wanderten vielleicht auch einfach aus Abenteuerlust.

Als die Eiszeit nahte, mußten die Bewohner der kältesten Gebiete in Gegenden ziehen, wo sie bessere Überlebenschancen hatten.

Das vordringende Eis war auch die Ursache für einige besonders lange, kontinentübergreifende Wanderungen.

Als zum Beispiel immer mehr Wasser als Eis festgehalten wurde, schrumpfte das Meer zwischen Asien und Australien, so daß die Menschen es mit Segelbooten überqueren konnten. Auf diesem Weg besiedelten um 53 000 v. Chr. die ersten Menschen Australien.

Als der Meeresspiegel weiter absank, entstand zwischen Asien und Nordamerika eine Landbrücke. Sie eröffnete den Menschen aus Asien den bis dahin menschenleeren amerikanischen Kontinent.

Das Meer kehrt zurück

Als das Klima sich erwärmte, schmolz das Eis, und das Meer stieg an. Amerika war wieder durch Wasser abgeschnitten, und in Europa verschwand die Landbrücke unter dem Ärmelkanal, so daß Großbritannien zu einer Insel wurde.

Am Ende der Eiszeit starben viele Pflanzen und Tiere aus, die in der Kälte gedeihen konnten. Die Menschen, die sich von ihnen ernährten, mußten ihre Lebensweise ändern.

◆ *Die ersten Menschen, die auf dem Höhepunkt der Eiszeit von Asien nach Amerika wanderten, konnten sich noch nicht weiter nach Süden ausbreiten. Erst nachdem das Eis geschmolzen war, begaben sich ihre Nachkommen auf die gefährliche Wanderung – es war immer noch sehr kalt, und wilde Tiere bildeten eine ständige Gefahr.*

◆ *In dem Dorf Monte Verde im Süden Chiles ließen sich um 11 000 v. Chr. die ersten Menschen nieder. Ihre Häuser bestanden aus einem Holzgerüst, das mit dem Fell des elefantenähnlichen Mastodons verkleidet war; sie lebten vom Jagen und Sammeln.*

In vielen Gebieten dehnten sich die Wälder aus, so daß die Menschen nicht mehr ungehindert wandern konnten. Gleichzeitig entwickelten sie neue Werkzeuge, um Bäume zu fällen und bessere Unterkünfte zu bauen.

All das trug zu einem eher seßhaften Leben bei. Die Menschen jagten immer noch Tiere und sammelten Beeren und andere Früchte, aber vielleicht wechselten sie den Wohnort jetzt nur noch zweimal im Jahr. Die ersten dauerhaften Siedlungen entstanden, und wo geeignete Boden- und Wetterverhältnisse herrschten, wurde zum erstenmal Landwirtschaft betrieben.

◆ *In Europa hat man über 200 ausgemalte Höhlen gefunden. Die Zeichnungen sind 10 000 bis 30 000 Jahre alt. Dieser Stier befindet sich an der Decke der Höhle von Altamira in Spanien.*

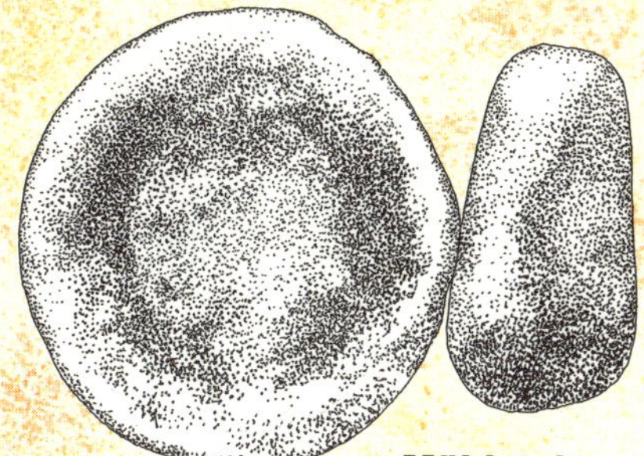

Mühlsteine

◆ In manchen Gegenden wuchs wildes Getreide wie Weizen und Gerste. Die Menschen ernteten die reifen Körner und zerrieben sie mit Mahlsteinen zu Mehl.

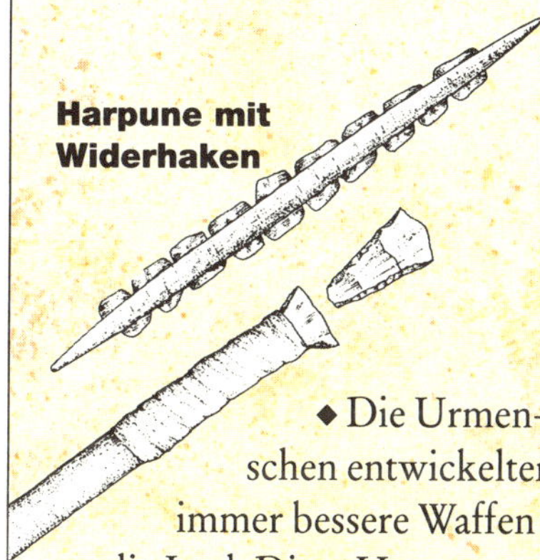

Harpune mit Widerhaken

◆ Die Urmenschen entwickelten immer bessere Waffen für die Jagd. Diese Harpune war mit Widerhaken aus Feuerstein besetzt, so daß sie besser steckenblieb. Die Spitze wurde mit einer Tiersehne am Schaft befestigt.

◆ In der Steinzeit entstanden auch die ersten Statuen von Menschen. Meist stellen sie Frauen dar, vielleicht Fruchtbarkeitsgöttinnen.

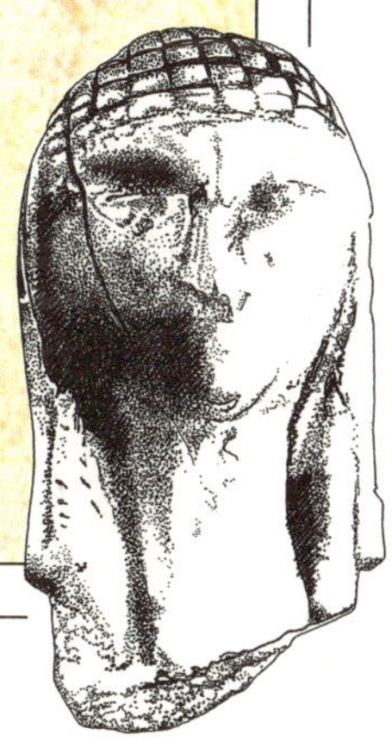

ein geschnitzter Kopf aus Elfenbein, etwa 24 000 Jahre alt

Eine Kultstätte aus Catal Hüyük, einer der ersten Städte.

Ein reich verzierter Schmuckhelm aus der Stadt Ur.

Der fruchtbare Halbmond

Einige der ältesten Hochkulturen entstanden im „fruchtbaren Halbmond“, einer bogenförmigen Region, die sich vom Nordende des Persischen Golfs bis zum Niltal in Ägypten erstreckt. Der fruchtbare Halbmond eignete sich besonders gut zur Besiedelung und für die Entwicklung der Landwirtschaft, denn Weizen und Gerste gediehen hier ebenso wild wie Schafe und Ziegen. Als einzelne Menschengruppen seßhaft wurden, konnten sie mehr Getreide anbauen als sie benötigten, so daß es zur Arbeitsteilung zwischen Bauern, Händlern und Handwerkern kam. Außerdem entstanden die ersten Schriftsystemc.

Mit dem Bevölkerungswachstum wurden immer mehr Städte und Dörfer gegründet. An manchen Stellen baute man neue Häuser auf den Überresten älterer Gebäude, so daß man heute ganze Hügel vorfindet. Die Archäologen haben solche Fundstätten Schicht für Schicht abgetragen und so ein Bild vom Leben im fruchtbaren Halbmond über viele Jahrhunderte hinweg gezeichnet.

◆ Ein Stadttor von Hattuša, das seit etwa 1650 v. Chr. die Hauptstadt der Hethiter war.

Erste Bauern und erste Städte

ca. 10 000 – 5000 v. Chr.

Anfangs lebten die Menschen im fruchtbaren Halbmond vom Fleisch erlegter Tiere und von gesammelten Nüssen, Samen, Früchten und Getreidekörnern. Aus dieser Lebensweise entstand nach und nach die Landwirtschaft.

Tierhaltung

Aus gezähmten Wölfen entwickelten sich die Hunde, die man bei der Jagd und zur Bewachung anderer Wildtiere einsetzte.

Allmählich wurden auch Ziegen, Schafe, Schweine und Wildrinder *domestiziert* (gezähmt). Der Urahn der Hausrinder war wahrscheinlich der wilde, gefährliche Auerochse, der viel größer war als seine zahmen Nachfahren.

Der Boden war im fruchtbaren Halbmond locker und ließ sich mit einfachen Geräten leicht bearbeiten; Sonne und ausreichende Niederschläge sorgten dafür, daß jedes Jahr eine gute Ernte heranreifte. Die ersten Bauern sammelten die Körner wilder Weizen- und Gerstenpflanzen und säten sie auf Äckern aus, die sie zuvor mit Grabstöcken und Hakenpflügen aufgebrochen hatten. Zur Ernte verwendeten sie hölzerne Sicheln, deren Schneide aus Feuerstein oder Obsidian bestand.

Da die Menschen jetzt seßhaft waren, konnten sie das gesamte Getreide ernten und lagern. Durch Kreuzung der besten Exemplare gelang es, die Nutzpflanzen und Tiere zu verbessern.

Städte

Einige Bauernsiedlungen wuchsen zu den ersten Städten heran. Die älteste Stadt, die man bisher ausgegraben hat, ist Jericho am Ufer des Jordan. Durch die Wasserversorgung und das warme Klima konnte hier genug Nahrung für eine große Bevölkerung wachsen. Die Menschen ließen sich erstmals ca. 9000 v. Chr. in dieser Gegend nieder, und um 8000 v. Chr. war die Gemeinde schon so weit entwickelt, daß man eine Steinmauer zum Schutz der Stadt baute. Die Häuser bestanden aus Lehmziegeln und hatten flache Holzdächer.

Eine weitere sehr alte Stadt ist Catal Hüyük am Nordende des fruchtbaren Halbmondes in der heutigen Türkei. Sie wurde ca. 7000 v. Chr. gegründet. Um 6250 v. Chr. lebten dort etwa 6000 Menschen.

◆ Die Rinder, Schafe, Ziegen und Schweine, die die ersten Bauern züchteten, waren meist kleiner und knochiger als ihre heutigen Nachfahren. Außerdem hatten sie ein dichteres Fell und größere Hörner.

◆ *Die Mauern waren in Catal Hüyük glatt verputzt und an einigen Stellen mit Leoparden, Stieren und Menschen bemalt. Vermutlich gab es auch Tempel für verschiedene Gottheiten. Ein Bild zeigt Vögel, die sich auf einen kopflosen Leichnam stürzen. Vermutlich war es damals Sitte, Tote zunächst der Natur auszusetzen und sie dann unter Steinplatten in den Häusern zu begraben.*

Die Lehmziegelhäuser waren nicht durch Straßen getrennt, sondern man ging über die Dächer und stieg durch Löcher im Dach über Leitern in die Wohnungen.

Die Bewohner von Catal Hüyük ernährten sich von Äpfeln, Mandeln und Pistazien, aber auch von Weizen, Erbsen und Rindfleisch. Aus Obsidian stellten sie Spiegel, Werkzeuge und Waffen her, und Muschelschalen aus dem Mittelmeer wurden zu Schmuck verarbeitet.

◆ *Dattelpalmen waren für die ersten Bauern sehr nützlich. Man konnte nicht nur die Früchte essen, sondern mit den Blättern auch Dächer decken und aus den Fasern Seile, Matten und Sandalen herstellen. Die Baumstämme dienten als Bauholz.*

◆ Die ersten Bauern bauten wilden Weizen und Gerste an. Irgendwann entstand aus Weizen und einem anderen Gras eine natürliche Kreuzung mit dickeren Samenkörnern. Die Menschen entdeckten, daß sie die Getreidekörner zwischen Mahlsteinen zerreiben konnten; das Mehl verarbeiteten sie zu einem neuen Lebensmittel: dem Brot.

Weizen Gerste

◆ Die Ziegel für die ersten Häuser bestanden aus Ton oder Lehm. Sie wurden mit der Hand geformt, dann ließ man sie in der Sonne trocknen, bis sie hart genug zum Bauen waren.

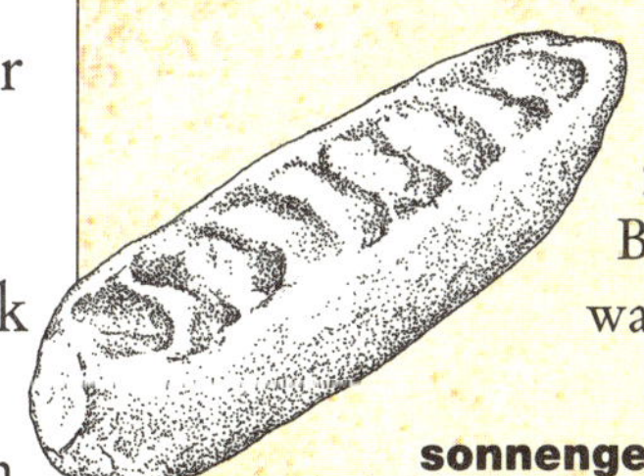

sonnengetrocknete Lehmziegel

◆ Eine Figur aus einem Tempel in Catal Hüyük, möglicherweise eine Fruchtbarkeitsgöttin. Über die Religion dieser Zeit weiß man kaum etwas.

weibliche Tonstatuette

Mesopotamien und Sumer

5000 – 2000 v. Chr.

Mesopotamien oder „Zweistromland" ist der Name der fruchtbaren Ebene zwischen den Flüssen Euphrat und Tigris im heutigen Irak. Diese Gegend wurde ab 5500 v. Chr. vom Volk der Sumerer besiedelt.

Das Klima war zwar trocken, und die Niederschläge fielen unregelmäßig, aber die Bauern konnten das Wasser der Flüsse in Bewässerungssysteme leiten und so Gerste, Weizen, Sesam und Zwiebeln anbauen. Man hob Gräben aus, um das Wasser von den Flüssen zu den Feldern mit den Nutzpflanzen zu lenken.

Die Bauerndörfer wurden größer, und die Bevölkerung wuchs. Etwa 3500 v. Chr. waren einige Dörfer zu Städten geworden, wie Ur, Eridu, Lagasch, Kisch und Babylon, in denen jeweils Tausende von Menschen lebten.

Diese Städte lagen im südlichen Teil Mesopotamiens, den man manchmal auch Sumer nennt. In jeder von ihnen gab es einen Herrscher, der auch über die Gegend um die Stadt regierte. Wegen dieses Umlandes spricht man von Stadtstaaten.

Zwischen den Städten kam es oft zu Streitigkeiten. Im Jahr 2360 v. Chr. vereinigte Sargon, der König von Kisch, die Städte der Gegend von Akkad im Norden Sumers. Dann eroberte er die sumerischen Stadtstaaten und wurde so kurzfristig zum ersten Herrscher des Sumererreiches.

Bis 2100 v. Chr. war Ur jedoch zur wichtigsten Stadt Mesopotamiens aufgestiegen.

◆ *Die Sumerer erfanden das Rad, zuerst diente es wahrscheinlich als Töpferscheibe. Bekanntermaßen besaßen sie schon um 3000 v. Chr. Karren mit massiven Holzrädern.*

◆ *Die Zikkurat von Ur wurde ungefähr 2100 v. Chr. fertiggestellt. Sie bestand aus sonnengebrannten Lehmziegeln. Der Tempel auf ihrer Spitze diente religiösen Zeremonien.*

◆ *Die sumerischen Prinzessinnen trugen farbige Kleidung und Haarschmuck. Der Schmuck bestand aus Gold, Silber und farbigen Steinen wie Lapislazuli und Karneol.*

Paläste und Zikkurats

In jeder Stadt gab es einen Königspalast und schöne öffentliche Gebäude. In der Stadtmitte stand die Zikkurat, eine Stufenpyramide, die oben den Tempel für den Schutzgott der Stadt trug. Um die Zikkurat standen an engen, gewundenen Straßen dichtgedrängt die Häuser.

In dem Tempel gab es Priester und Priesterinnen, und Beamte führten Buch über seine Besitztümer. Dem Tempel gehörten die meisten Ländereien und Nutztiere der Stadt.

Die Notwendigkeit, Aufzeichnungen zu machen, führte um 3100 v. Chr. zur Entwicklung einer Schrift auf Tontafeln, von denen Tausende bis heute erhalten sind. Sie enthalten Berichte über viele Lebensbereiche der Sumerer, von ärztlichen Anweisungen bis zu militärischen Siegen.

Auf den Tontafeln findet sich auch das Gilgamesch-Epos, die Geschichte von einer großen Flut, die stark dem biblischen Bericht über die Sintflut ähnelt. Gilgamesch, ihre Hauptperson, war ein Sumererkönig, der etwa 2600 v. Chr. lebte.

Handwerk und Handel

In den Städten gab es viele Handwerker, die sehr geschickt Metalle und Stein bearbeiteten. Beispiele für ihre Kunstfertigkeit, darunter Musikinstrumente, Schmuck, Vasen und Schnitzereien, hat man in den Königsgräbern vor Ur ausgegraben. Auch der Handel blühte. Der wichtigste Exportartikel war fein gewebter Wollstoff. Die Schiffe der Sumerer segelten in die Länder am Persischen Golf, um Elfenbein einzukaufen. Kaufleute kamen auch aus weit entfernten Gegenden wie dem Indus-Tal, Afghanistan und Persien, um Waren zu verkaufen.

Tafel mit Keilschrift

◆ *Die Schrift der Sumerer bestand aus dreieckigen Zeichen, die durch das Eindrücken einer keilförmigen Spitze in den feuchten Ton entstanden. Diese Schrift wird deshalb auch als Keilschrift bezeichnet. Sie wurde im Jahre 1802 entschlüsselt.*

◆ An den Flußufern in Mesopotamien wuchs so viel Schilf, daß die Sumerer es zum Hausbau verwenden konnten. Die arabische Bevölkerung am Tigrisufer benutzt dieses Baumaterial noch heute.

Schilfhaus

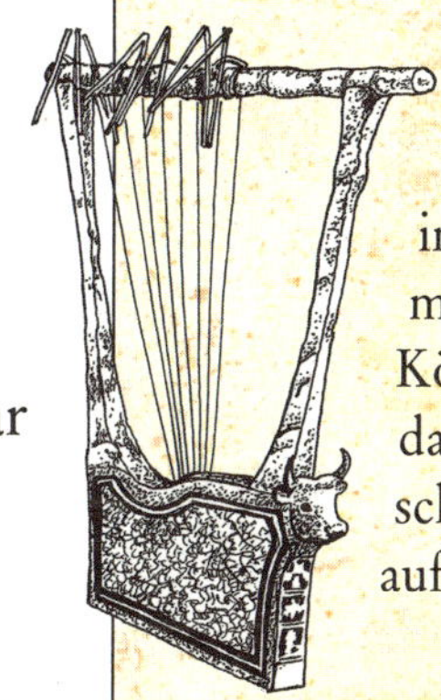

verzierte Leier aus Ur

◆ Etwa 2500 v. Chr. wurden Leierspieler in Ur geopfert und mit der Leier in den Königsgräbern bestattet, damit sie ihrem Herrscher in der Totenwelt aufspielen konnten.

◆ Unter den Schätzen, die man im Tempel von Uruk ausgrub, war auch diese Vase: Sie zeigt, wie einer Frau die Früchte der Ernte dargebracht werden; es handelt sich entweder um eine Priesterin oder um die Fruchtbarkeitsgöttin Inanna.

Alabastervase aus Uruk mit eingravierten Darstellungen

Mesopotamien und Babylon

2000 – 1155 v. Chr.

Etwa 2000 v. Chr. stand Ur auf dem Höhepunkt seiner Bedeutung als reichste und mächtigste Stadt Mesopotamiens. Es hatte zu jener Zeit vermutlich etwa 20 000 Einwohner und wurde von dem König Urnammu beherrscht. Mit einer starken Armee und einem straff organisierten Beamtenapparat konnte er sein Reich von Uruk und Ur aus lenken. Auch der Stadtstaat Babylon, 300 Kilometer nordwestlich von Ur, gehörte zu seinem Einflußbereich.

Babylons Aufstieg begann im 19. Jahrhundert v. Chr. Zu jener Zeit nahmen Macht und Reichtum von Ur ab, unter anderem weil die Kultur des Indus-Tals verschwand, mit der Ur Handel betrieben hatte. König Sumuabum, der von 1894 bis 1881 v. Chr. herrschte, erklärte Babylons Unabhängigkeit von Ur und begründete eine Dynastie, die mindestens 300 Jahre überdauerte.

Ihr sechster Herrscher, Hammurabi der Große, kam 1792 v. Chr. an die Macht. Er war ein strenger König mit einer starken, disziplinierten Armee. Unter seiner Herrschaft eroberte Babylon das ganze Gebiet von Sumer und Akkad einschließlich der Stadtstaaten Isin, Elam und

Hammurabi

Hammurabi ließ seine Gesetze in eine Stele aus Stein meißeln. Am oberen Ende über dem Text ist ein Relief zu sehen, das Hammurabi (links) und den Sonnengott Schamasch zeigt.

◆ *Die wohlhabenden Babylonier wohnten in Häusern mit Flachdach und einem offenen Innenhof. Den Haushalt besorgten Diener. Rezepte aus dieser Zeit nennen 20 verschiedene Käsesorten und 100 Arten von Suppen.*

Larsa sowie das Königreich Mari am Euphrat.

Trotz seiner Eroberungskriege brachte Hammurabi den Babyloniern Wohlstand und Frieden. Durch den Handel mit Persien wuchs der Reichtum. Die Priester verloren an Einfluß. Anders als seine Vorgänger hielt Hammurabi sich selbst nicht für einen Gott, sondern bezeichnete sich als „Günstling der Götter".

Hammurabi erließ für sein Volk insgesamt 282 neue Gesetze. Sie waren oftmals streng, aber sie erkannten zum Beispiel die Tatsache an, daß man einen anderen nicht nur absichtlich, sondern auch durch einen Unfall töten oder verletzen kann. Außerdem gaben sie den Frauen gewisse Rechte und schützten das Eigentum. Vermutlich wurden die Gesetze durch Aufrichtung von Stelen mit dem eingravierten Text überall im Land bekannt gemacht.

Hammurabi starb 1750 v. Chr. Seine Nachfolger waren schwache Herrscher, und 1595 v. Chr. brach das babylonische Reich unter den Angriffen des Hethiterkönigs Mursilis zusammen. Danach beherrschte das Volk der Kassiten den Stadtstaat bis etwa 1155 v. Chr.

◆ *Die Babylonier hatten Zeit für Spiele, unter anderem für dieses hier mit einem gemusterten Brett, Würfeln und Spielmarken. Leider sind die Spielregeln nicht überliefert.*

◆ Hammurabis Gesetze sollten die Schwachen schützen. Sie regelten alle Bereiche des täglichen Lebens, so das Fahrgeld für Verkehrsmittel und den Handel. Für Verstöße gab es festgelegte Strafen. Wer einem anderen ein Bein brach, dem wurde zur Vergeltung ebenfalls ein Bein gebrochen. Auf Entführung, Einbruch, Wegelagerei und Hexerei stand die Todesstrafe.

Hammurabi

◆ Das Land gehörte Königen, Tempeln und Einzelpersonen. Man konnte es auch pachten, kaufen oder verschenken. Königliche Landschenkungen wurden auf Grenzsteinen festgehalten, die auch gemeißelte Götterfiguren und eingravierte Gebete um den Schutz des Landes enthielten.

babylonischer Grenzstein

◆ Die babylonischen Mathematiker entwickelten ein Zahlensystem auf der Grundlage der Zahl 60, das noch heute zum Zählen der Sekunden und Minuten dient. Das System war für Astronomen und Händler nützlich, denn die Zahl 60 läßt sich recht einfach teilen.

Hethiter und Assyrer

2000 – 609 v. Chr.

Die Hethiter kamen Anfang des zweiten Jahrtausends v. Chr. aus dem nordöstlich gelegenen Anatolien. Um 1750 v. Chr. beherrschten sie die größten Städte der Region. Es gab mehrere Hethiter-Stämme, und sie besaßen bis zu sechs verschiedene Sprachen. Die wichtigste war vermutlich das Keilschrift-Hethitisch, das sich auf den Tontäfelchen dieser Zeit findet.

Die Hauptstadt der Hethiter, Hattuša in Anatolien, wurde im 17. Jahrhundert v. Chr. gegründet. Später eroberten die Hethiter Babylon, Mesopotamien und den Norden Syriens. Etwa ab 1400 v. Chr. standen sie auf dem Höhepunkt ihrer Macht, und im 13. Jahrhundert v. Chr. versuchten sie vergeblich, Ägypten zu erobern. Um 1200 v. Chr. brach das Reich plötzlich zusammen, weil Einwanderer aus dem südosteuropäischen Thrakien ihren eigenen Staat bildeten.

Die Assyrer

Die Assyrer, die schließlich den Norden Mesopotamiens beherrschten, sprachen Aramäisch. Sie hatten sich etwa 2000 v. Chr. im Tigristal niedergelassen und die Hauptstadt Assur gebaut. Die Stadt wurde um 1800 v. Chr. ein Teil des mesopotamischen Reiches, erlangte aber wenig später ihre Unabhängigkeit wieder.

◆ *Die kriegerischen Hethiter waren überaus kluge Militärstrategen und bekannt dafür, daß sie in Schlachten gut mit dem zweirädrigen Kampfwagen umgehen konnten.*

◆ *Der prächtige Königspalast von Nimrud zeigte Besuchern aus anderen Ländern im 9. Jahrhundert v. Chr. die Macht des Assyrerkönigs Assurnasirpal II.*

◆ *Die Assyrer waren geschickte Belagerer. Sie griffen Stadtmauern mit Rammböcken und langen Leitern an.*

Im 14. Jahrhundert v. Chr. war das Gebiet der Assyrer bis nach Ninive angewachsen, einer großen Stadt am Tigrisufer. Die Ausdehnung setzte sich unter Adadnirari I. fort, der seit 1298 v. Chr. König der Assyrer war. Er und seine Nachfolger waren Gewaltherrscher, und die unterworfenen Völker lehnten sich mehrfach gegen die Tyrannenherrschaft auf.

Ab etwa 1100 v. Chr. unterstand das Gebiet der Assyrer anderen aramäischen Völkern. Assurdan II. schlug sie 100 Jahre später zurück und setzte die Ausweitung des Assyrerreiches fort. Um 650 v. Chr. erstreckte es sich von Syrien bis zum Persischen Golf und umfaßte Babylon sowie große Teile Ägyptens. Der letzte große Herrscher war Assurbanipal. Er war ein gelehrter Mann, förderte die Künste und trug in seinem Palast in Ninive eine große Tontafel-Bibliothek zusammen. Nach seinem Tod brach das assyrische Reich auseinander, und 609 v. Chr. löste es sich auf.

assyrisches Steinrelief

◆ Die meisten Steinmetzarbeiten der Assyrer zeigen Herrscher und ihre Eroberungen, aber manchmal findet man auch Alltagsszenen wie die Essenszubereitung.

◆ Hethiter und Assyrer hielten sich Sklaven. Manchmal handelte es sich um Kriegsgefangene, aber die männlichen Assyrer verkauften auch ihre Frauen und Kinder, um ihre Schulden zu bezahlen.

◆ Die Hethiter verehrten viele Götter; sie glaubten, ihre Könige seien Stellvertreter von Göttern, die nach dem Tod in den Himmel aufstiegen.

Goldfigur eines Hethiterkönigs, etwa 1400 v. Chr.

DIE CHALDÄER UND BABYLON

626 – 539 V. CHR.

Der Stamm der Chaldäer wanderte ab etwa 1100 v. Chr. in die Reiche der Assyrer und Babylonier ein, angezogen von dem reichen, fruchtbaren Land. Sie ließen sich zunächst in der Gegend von Ur nieder und zogen von dort nach Babylon. Als Assurdan II. hundert Jahre später das Assyrerreich neu gründete, hatten die Chaldäer in Babylon so viel Einfluß, daß sie unter der Oberherrschaft der Assyrer mehrere babylonische Könige stellten. Später wuchs die Macht Babylons wieder, und 626 v. Chr. erklärte König Nabupolassar seine Unabhängigkeit von Assur.

Das neue Reich der Babylonier gründete König Nebukadnezar II. (605-562 v. Chr.). Er war ein kriegerischer Herrscher und führte viele Feldzüge, unter anderem auch gegen Ägypten.

Zu Nebukadnezars Reich gehörten schließlich Syrien, Phönizien, Juda und Assur, das er mit Hilfe der Meder eroberte. Aufstände schlug er unbarmherzig nieder – den phönizischen Hafen Tyros belagerte er zu diesem Zweck 13 Jahre lang. Er eroberte auch Jerusalem und zerstörte große Teile der Stadt; die Einwohner wurden vertrieben und mußten in Babylon als Sklaven leben. Im Buch Daniel der Bibel wird darüber berichtet

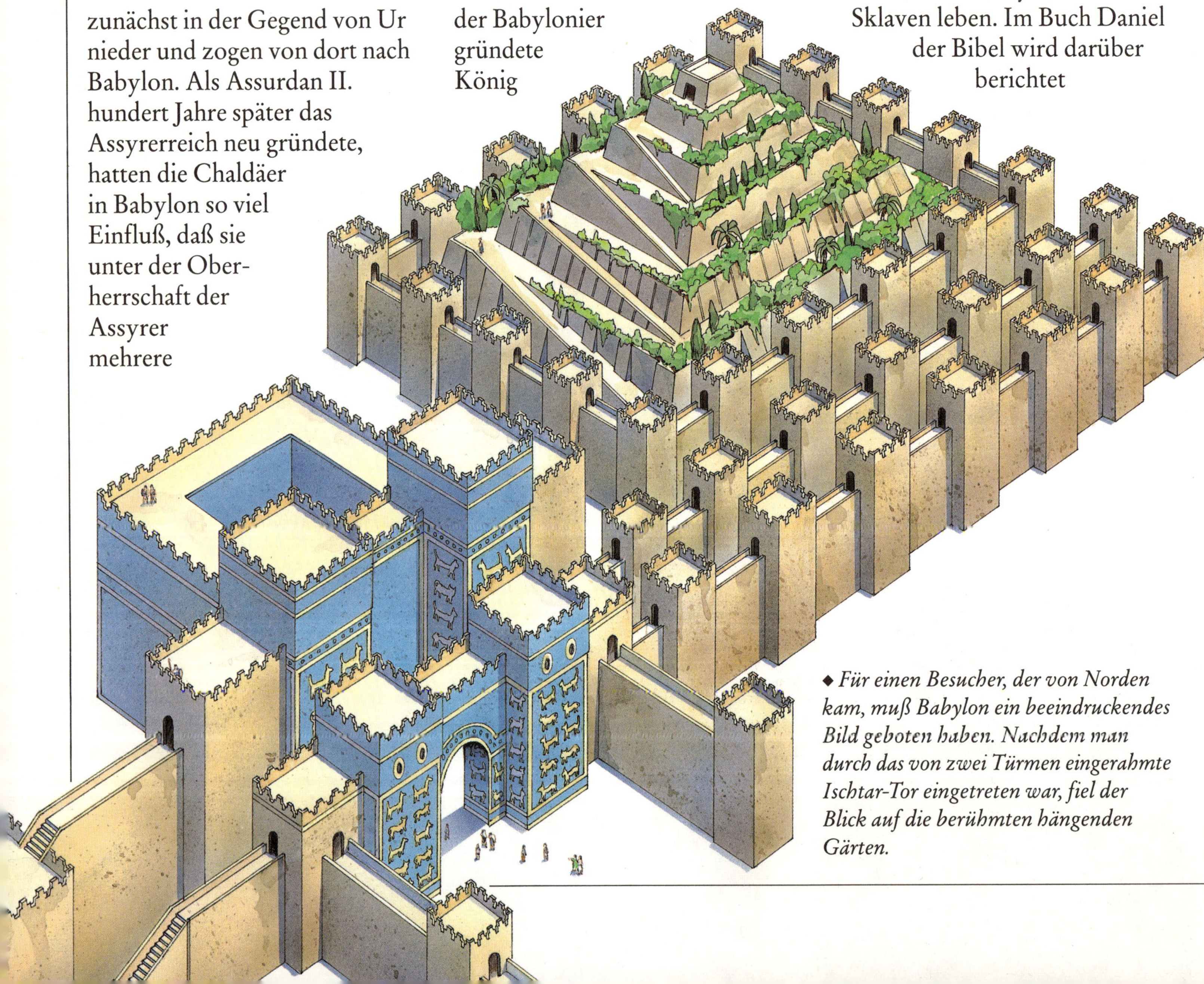

◆ *Für einen Besucher, der von Norden kam, muß Babylon ein beeindruckendes Bild geboten haben. Nachdem man durch das von zwei Türmen eingerahmte Ischtar-Tor eingetreten war, fiel der Blick auf die berühmten hängenden Gärten.*

◆ *Das Ischtar-Tor ist das einzige gut erhaltene Baudenkmal aus Babylon. Die glasierten Ziegel, mit denen es verziert war, zeigen Drachen, die den Hauptgott Marduk darstellen, und Stiere als Symbol für den Sturmgott Adad.*

Nebukadnezar förderte die Städte in seinem Reich und machte vor allem Babylon immer schöner und sicherer. Die Prozessionsstraße, durch die jährlich zu Ehren des Gottes Marduk die Neujahrsprozession zog, ließ er ausbauen. Er baute einen Palast für sich selbst, einen Tempel für Marduk und eine riesige neue Stadtmauer, deren Haupttor nach der Göttin Ischtar benannt war. Außerdem legte er die hängenden Gärten an, eines der sieben Weltwunder der Antike.

Nach den Angaben des griechischen Geschichtsschreibers Herodot war die Stadt Babylon ein Quadrat mit einer Seitenlänge von 22 Kilometern. Sie wurde von dem Fluß Euphrat geteilt, der zwischen Ziegelmauern floß. Wo die Straßen auf diese Mauern trafen, gab es große Bronzetore, so daß die Menschen an den Fluß gelangen konnten. Eine 115 Meter lange Brücke, die auf acht Pfeilern ruhte, verband die beiden Flußufer miteinander. Kaufleute konnten vom Persischen Golf den Euphrat hinauf bis in die Stadt segeln.

Auf Nebukadnezar II. folgte 562 v. Chr. sein Sohn Awil-Marduk, der drei Jahre später ermordet wurde. Nach nochmals drei Jahren und zwei weiteren Königen brach Babylons Macht endgültig zusammen. Nabonid, ein syrischer Prinz, übernahm den Thron bis 539 v. Chr.; dann eroberten die Perser Babylon und verleibten es ihrem Reich ein.

◆ *Ischtar war für die Assyrer eine Kriegsgöttin, aber in Babylon galt sie als gütige Göttin und Beschützerin der Stadt.*

◆ Nebukadnezar baute die hängenden Gärten für seine Frau Amytis, die die Hügel ihrer persischen Heimat vermißte. Das notwendige Wasser schleppten Sklaven vom Euphrat heran.

Nebukadnezar

◆ Nebukadnezar war darauf bedacht, die Verbindung zum alten babylonischen Reich am Leben zu erhalten. Er ließ den Gott Marduk anbeten und benutzte die alte sumerische Schrift.

Marduk

◆ Damit es beim Handel ehrlich zuging, hatte Babylon ein eigenes Gewichtssystem. Dieses Gewicht hat die Form einer Ente.

babylonisches Handelsgewicht

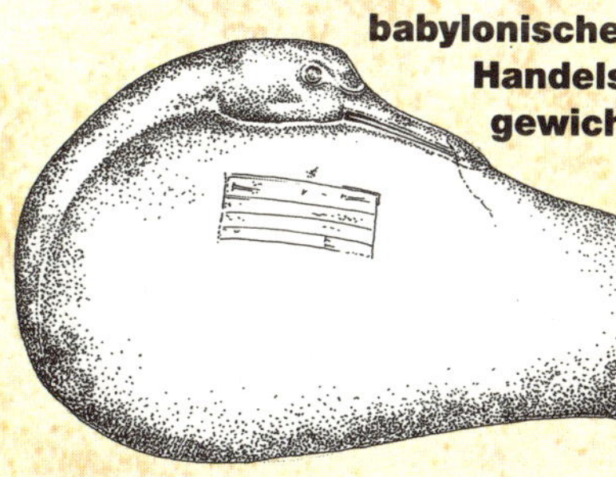

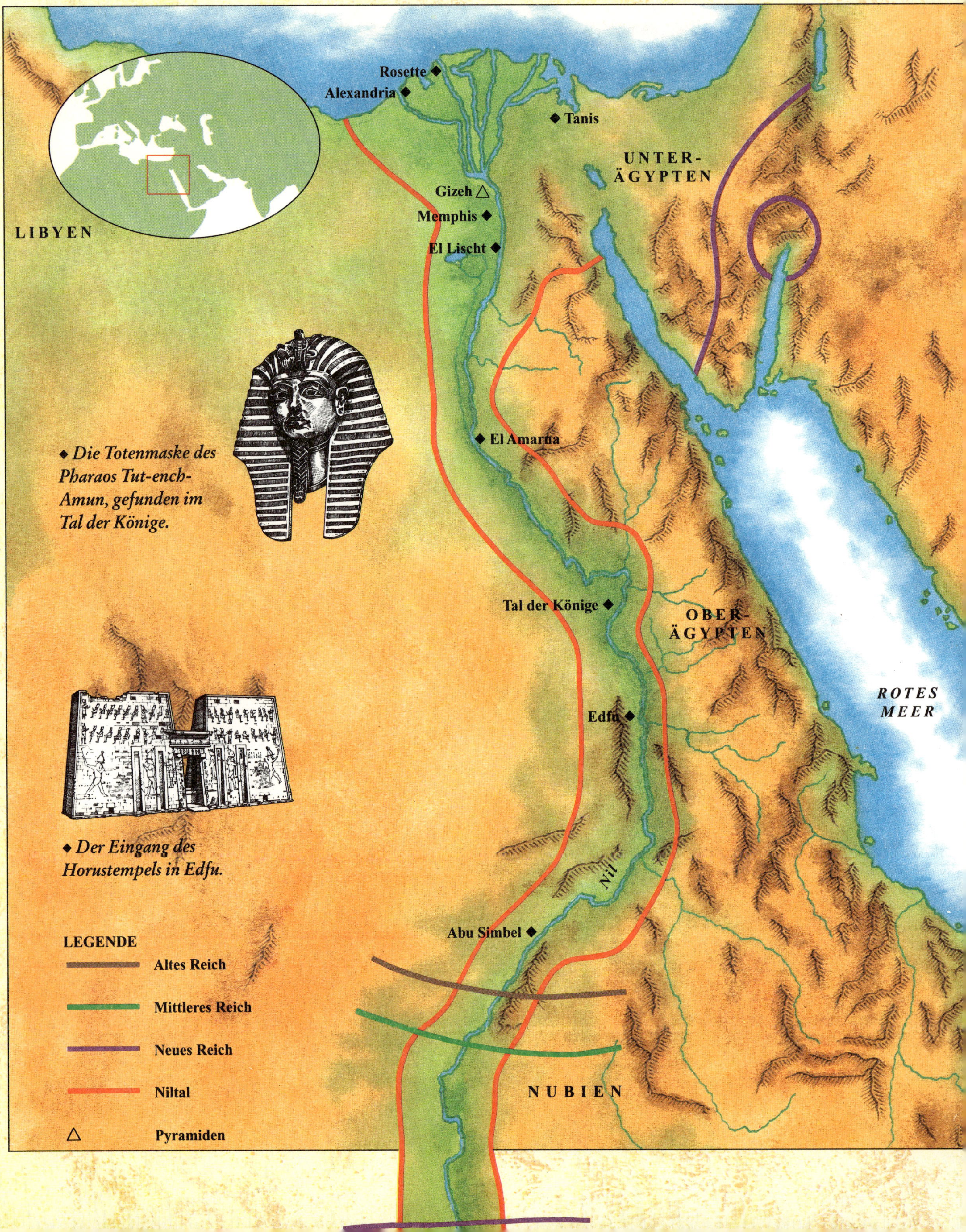

◆ Die Totenmaske des Pharaos Tut-ench-Amun, gefunden im Tal der Könige.

◆ Der Eingang des Horustempels in Edfu.

◆ *Die Pyramiden von Gizeh. Die größte von ihnen, die Cheopspyramide, wurde für den Pharao Cheops (ägypt. Khufu) errichtet und etwa 2528 v. Chr. fertiggestellt.*

DAS ALTE ÄGYPTEN

Jedes Jahr von Mitte Juli bis Oktober trat der Nil über die Ufer und hinterließ an seinen Ufern eine Schlammschicht, die aus Wüste fruchtbares Land machte. Diese Überschwemmungen waren der Grund, daß sich im alten Ägypten eine Hochkultur entwickeln konnte.

Die Siedlungen entlang des Nils gehörten seit dem vierten Jahrtausend v. Chr. zu zwei Reichen, die jeweils von einem König beherrscht wurden. Unterägypten umfaßte das Nildelta, Oberägypten erstreckte sich etwa 800 Kilometer weit nach Süden. König Menes von Oberägypten eroberte schließlich um 3100 v. Chr. Unterägypten und vereinigte die beiden Länder.

Die weitere Geschichte des alten Ägypten kann man in drei Phasen einteilen: das Alte, das Mittlere und das Neue Reich. In allen diesen Perioden beschäftigten die Ägypter sich stark mit Tod und Jenseits. Anhand der Überreste ihrer Gräber und schriftlicher Aufzeichnungen konnten die Archäologen ein genaues Bild vom Leben im alten Ägypten zeichnen.

Das Alte Reich: Zeit der Pyramiden

2660 – 2040 v. Chr.

Als König Menes etwa 3100 v. Chr. Unter- und Oberägypten vereinigte, war das Land dank des Nils und des warmen Klimas bereits reich. Auf dem fruchtbaren Boden am Flußufer konnte man leicht Nutzpflanzen anbauen. Man säte Gerste und Weizen, um daraus Brot und Bier herzustellen, und aus Flachs machte man Leinen für die Kleidung. Die Ägypter fingen Fische, jagten in den Sümpfen Wildvögel und sammelten wilde Früchte und Gemüse.

Menes machte Memphis in Unterägypten zur Hauptstadt und regierte von dort aus das ganze Land. Ihm standen 42 Nomarchen zur Seite, die jeweils eine Provinz für ihn verwalteten und dafür sorgten, daß seine Befehle befolgt wurden.

Das Wachstum der Städte und die Zentralisierung der Regierungsgewalt begünstigten die Entstehung einer Schrift. Regierungsdokumente wurden zum Beispiel auf Papyrusbögen aufgezeichnet, und auch das erste Lehrbuch der Chirurgie entstand zu dieser Zeit. Zu weiteren Fortschritten kam es, als man den Nil beobachtete und sich die Überschwemmungen durch Bewässerungssysteme zunutze machte. Durch sorgfältige Verteilung des Wassers konnte man nun zweimal im Jahr Getreide ernten.

Die Herrscherfamilien (Dynastien) Ägyptens werden von Menes an mit Nummern versehen. Man unterteilt die Geschichte Altägyptens in die archaische Periode und das Alte, Mittlere und Neue Reich, getrennt jeweils durch Zwischenphasen.

◆ *Die alten Ägypter hielten Rinder als Arbeitstiere und Fleischlieferanten. Meist arbeiteten die Tiere auf dem Feld, doch während der Überschwemmungen setzte man sie auch bei Bauprojekten ein.*

◆ *Der Bau einer Pyramide beschäftigte Tausende von Menschen viele Jahre lang. Jeden Stein mußte man brechen, an den Bauplatz bringen und dann, während die Pyramide immer höher wurde, über eine lange Rampe hinaufziehen.*

Die Pyramiden entstehen

Das Alte Reich begann 2660 v. Chr. mit der dritten Dynastie. Zu jener Zeit wurde der Glaube ans Jenseits zu einem wichtigen Teil der ägyptischen Religion, aber zunächst schrieb man nur dem König ein echtes Leben nach dem Tod zu. Für verstorbene Pharaonen und wichtige Adlige baute man Bankgräber (Mastabas), abgeflachte Grabhügel mit schrägen Seitenflächen. Auf die Mastabas folgten die Stufenpyramiden und schließlich die echten Pyramiden mit glatten Seitenflächen.

Die Ägypter hatten viele Götter; der wichtigste war Re, der Sonnen- und Schöpfergott, dessen Haupttempel in Heliopolis stand.

Das Alte Reich dauerte etwa 500 Jahre; dann kam es durch das Ausbleiben von Überschwemmungen zu einer Dürre und in der Folge zu einem halben Jahrhundert des Hungers. Gleichzeitig wurden die Nomarchen immer mächtiger und unabhängiger. 2160 v. Chr. brach das Alte Reich zusammen, und Ägypten spaltete sich in Provinzen mit eigenen Herrschern auf.

◆ *Die ägyptischen Schriftgelehrten benutzten eine Bilderschrift mit etwa 700 verschiedenen Hieroglyphen. Zum Schreiben von Dokumenten gab es auch eine vereinfachte Kurzschrift.*

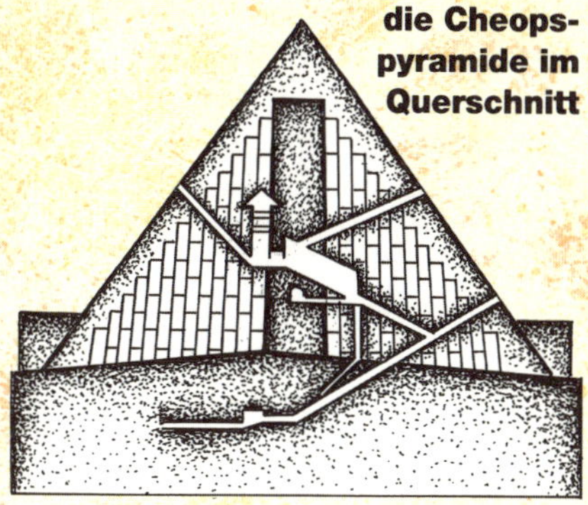

◆ Die Cheopspyramide wurde aus über zwei Millionen Steinblöcken von jeweils etwa zwei Tonnen Gewicht zusammengesetzt. Vollendet wurde sie etwa 2528 v. Chr. für den König Cheops. Er wurde in einer besonderen Kammer in der Mitte der Pyramide beigesetzt. Die Pyramiden von Gizeh waren eines der sieben Weltwunder der Antike.

◆ Die Krone Oberägyptens war weiß, die von Unterägypten rot. Nachdem König Menes die beiden Länder vereinigt hatte, trugen die Könige eine Doppelkrone.

◆ Getreide war im alten Ägypten eine wichtige Handelsware. Man konnte es gegen andere Güter eintauschen oder Steuern damit bezahlen. Deshalb brauchte man eine genaue Waage für das Korn.

Das Leben im Mittleren Reich

2040 – 1552 v. Chr.

Mentuhotep II., ein Pharao der 11. Dynastie, vereinigte das Reich 2040 v. Chr. erneut. Er regierte von Theben aus, aber seine Nachfolger bauten in El Lischt eine neue Hauptstadt. Die Pharaonen der 11. und 12. Dynastie entmachteten die Nomarchen und ließen Ägypten von Beamten verwalten.

Der Handel entlang des Nils sowie die Wirtschaftskontakte mit dem östlichen Mittelmeerraum und dem Nahen Osten weiteten sich aus. In der Folgezeit eroberten die Ägypter große Teile Nubiens und bauten dort befestigte Lager für ihre Armee, die neue Gebiete erobern sollte.

Der zunehmende Handel und eine Zeit des Friedens brachten Wohlstand; Kunst, Handwerk und Literatur blühten. Im Alten Reich hatte man große Achtung gegenüber den eigenen Vorfahren und der Tradition gehabt. Die Menschen des Mittleren Reiches schätzten vor allem Gerechtigkeit. Dennoch blieb die uneingeschränkte Gewalt beim Pharao.

Grabbeigaben

Vor dem Einbalsamieren wurden dem Körper Lunge, Leber, Magen und Eingeweide entnommen. Sie wurden getrocknet, in Schmuckgefäße gelegt und mit ins Grab gegeben.

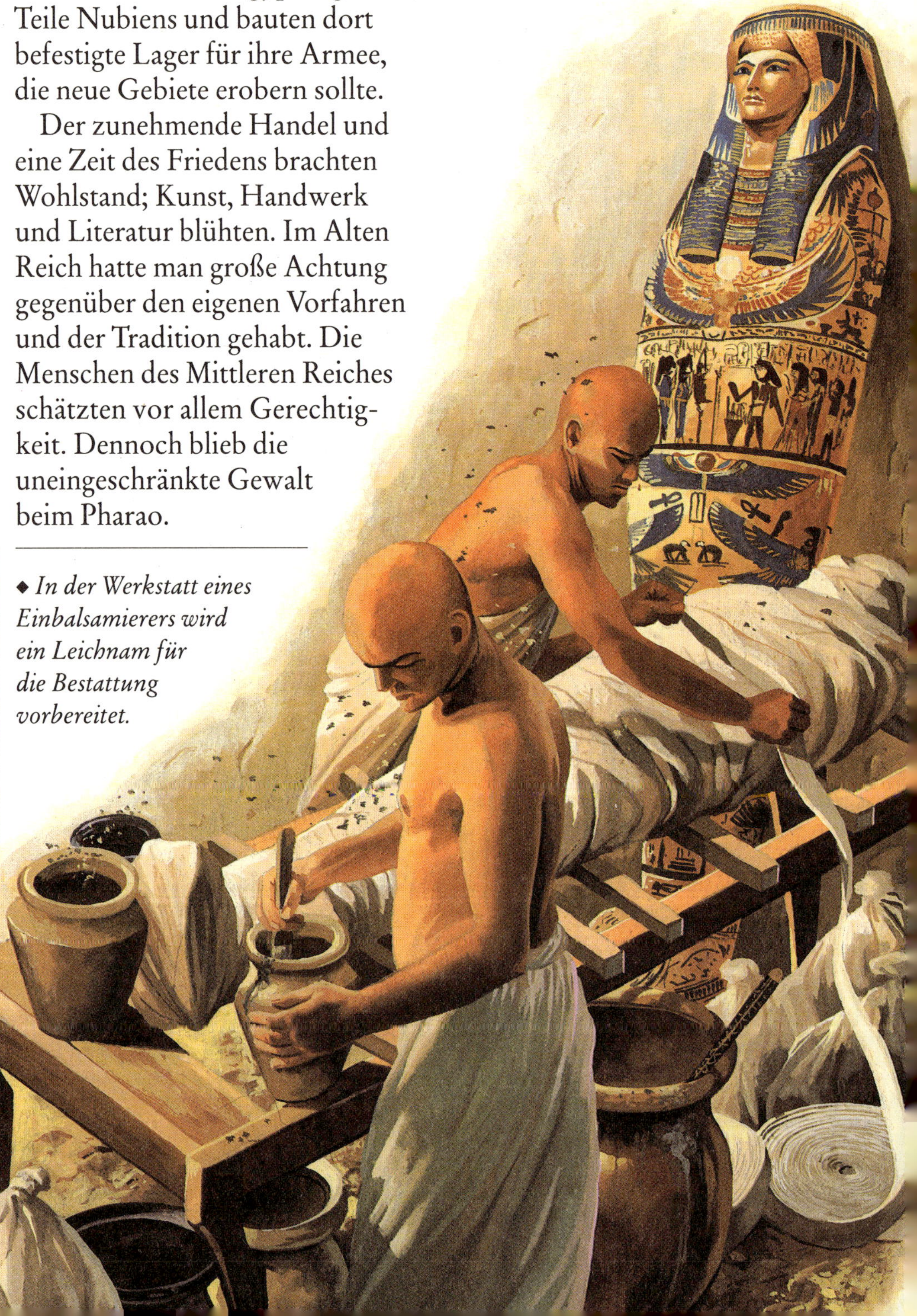

◆ *In der Werkstatt eines Einbalsamierers wird ein Leichnam für die Bestattung vorbereitet.*

◆ *Zur Mumifizierung wurde der Leichnam ausgetrocknet, mit Zedernöl eingerieben und innen mit Leinen und Kräutern ausgestopft. Dann wickelte man ihn in harzgetränkte Leinenbandagen. Der Sarkophag war mit einem Porträt des Verstorbenen bemalt, damit sein Geist ihn im Jenseits erkennen konnte. Oft wickelte man Amulette mit in die Bandagen, um den Toten vor bösen Mächten zu schützen.*

Tempel und Götter

Während des Mittleren Reiches wurden viele neue Tempel gebaut. Die Ägypter beteten verschiedene Götter an, am häufigsten Osiris, den Herrscher der Unterwelt. Er war auch der Gott des Frühlings, der jedes Jahr die Samen zum Leben erweckte. Durch ihn, so glaubte man, könne man am Jenseits teilhaben. Wer es sich leisten konnte, ließ seinen Körper nach dem Tod mumifizieren.

Invasionen

Durch mehrere schwache Könige kam es 1640 v. Chr. zum Zusammenbruch des Mittleren Reiches, und in Unterägypten drangen von Kanaan aus die Hyksos ein. Sie brachten Pferdewagen, Lauten und Leiern mit, verbesserten die Spinn- und Webtechnik und führten Bronzewaffen ein, die weitaus wirksamer waren als die hölzernen Waffen der Ägypter.

◆ *Die Beamten kamen zweimal im Jahr auf jeden Bauernhof: einmal, um die Ernte zu schätzen und die Tiere zu zählen, und beim zweitenmal, um die Steuer einzutreiben – die Hälfte aller Güter, die der Bauer produziert hatte.*

◆ *Nach der Mythologie wurde Ägypten von Osiris und seiner Frau Isis beherrscht, doch Osiris wurde von seinem neidischen Bruder Seth ermordet, dem Gott der Stürme und der Gewalt, der selbst über das Land regieren wollte. Seth verstreute die Körperteile von Osiris über ganz Ägypten. Isis fand die Stücke und band sie wieder zusammen – so soll die erste Mumie entstanden sein.*

◆ Wandzeichnungen zeigen die Vorliebe der Ägypter für Musik, Tanz und Gesang. Gewöhnlich dienten sie der Unterhaltung zu Hause oder bei großes Festen.

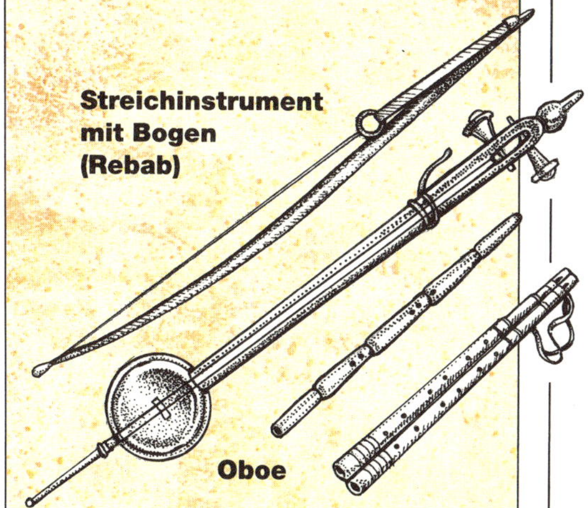

◆ Die alten Ägypter legten großen Wert auf schützende Amulette. Am gebräuchlichsten waren solche in Käferform (Skarabäus); sie stellten den Gott Khepri dar, der die Sonne auf die gleiche Weise herumschieben sollte wie der Käfer ein Bällchen aus Mist.

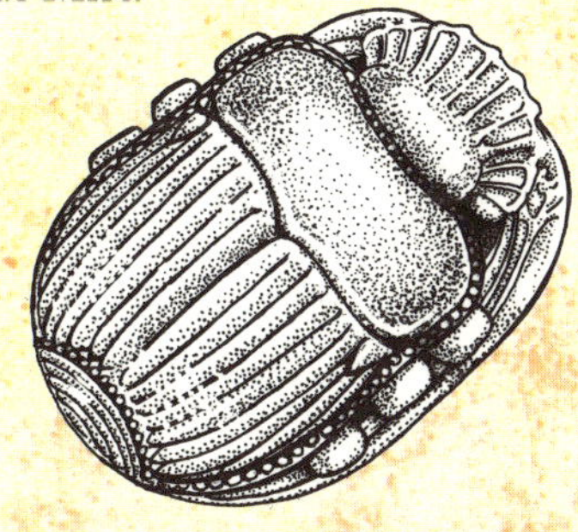

Skarabäus-Amulett

◆ Zu Ehren der Katzengöttin Bastet waren in Ägypten alle Katzen heilig. Vielfach mumifizierte man sie nach dem Tod, und manchmal wurden sie auch mit ihrem verstorbenen Eigentümer verbrannt.

GOLDENES ZEITALTER: DAS NEUE REICH

1552 – 1070 v. Chr.

Pharao Ahmose aus der 18. Dynastie vertrieb 1567 v. Chr. die Hyksos und vereinigte Ägypten erneut. Dies war der Beginn des Neuen Reiches, das oft als goldenes Zeitalter Ägyptens bezeichnet wird. Das Land gewann an Macht, und seine starken Pharaonen waren gewillt, ein Großreich zu schaffen. Mit ihrer siegreichen Armee eroberten sie Palästina, Syrien und das ganze Gebiet westlich des Euphrat. Von dort strömten nun reichhaltig Geschenke und Tribute nach Ägypten, die zum Wohlstand des Landes beitrugen.

Zu dieser Zeit wurden viele neue Tempel gebaut. Die Tradition, Pharaonen in Pyramiden beizusetzen, hatte man aufgegeben; statt dessen meißelte man ihre Gräber in die Felsen im Tal der Könige.

Die Macht der Pharaonen

Der Pharao hatte die absolute Macht über das Land. Alle Menschen und Dinge gehörten ihm; er konnte damit tun, was er wollte. Ein Pharao, der dies ausnutzte, war Amenhotep IV. Er führte die Verehrung Atons ein, der Sonne am Himmel, und änderte seinen eigenen Namen in Echnaton. Er ging sogar noch weiter und ordnete eine neue Religion an. Er sagte, Aton sei von nun an der einzige Gott, und zwang die Menschen, allen anderen Göttern abzuschwören. Er schloß zahlreiche Tempel und nutzte die so gewonnenen Güter zum Bau der Hauptstadt Echetaton, dem heutigen El Amarna.

Echnatons Religion war allerdings bei der Priesterschaft und den einfachen Leuten nicht beliebt; nach seinem Tod führte sein Nachfolger Tut-ench-Amun wieder die alten Götter ein und verlegte die Hauptstadt zurück nach Theben.

◆ *Ramses II. ließ zwei Tempel in die Felsen von Abu Simbel hauen, beide bewacht von riesigen Steinfiguren, die den Pharao und seine Familie zeigen. Dieser Tempel ist der kleinere der beiden.*

Das Grab des Tut-ench-Amun
Alle Pharaonen bestattete man mit kostbaren Grabbeigaben, die aber in den meisten Fällen später von Grabräubern gestohlen wurden. Das Grab Tut-ench-Amuns jedoch blieb bis 1922 unversehrt; in diesem Jahr entdeckten es die Archäologen: Es war angefüllt mit Schätzen, Wagen, feiner Kleidung, mit Möbeln und Musikinstrumenten. Diese Goldmaske bedeckte das Gesicht des „Knabenkönigs". Er war erst 18 Jahre alt, als er starb.

ALLTAGSLEBEN

Trotz der Reichtümer des Landes waren die meisten Einwohner Bauern und Arbeiter, die sehr einfach lebten. Die Reichen und der Adel dagegen schwelgten im Luxus. Ihr Speiseplan war sehr abwechslungsreich und enthielt viel Fleisch, Früchte und Wein anstelle von Brot und Bier, den Lebensmitteln des übrigen Volkes. Ihre kühlen, luftigen Häuser waren zwar sparsam möbliert, aber oft gab es Badezimmer und schattige Innenhöfe mit flachen Teichen voller Fische.

Die Söhne der Adelsfamilien erhielten Unterricht im Schreiben und Rechnen. Die Kinder der Armen gingen nicht zur Schule, sondern arbeiteten mit ihren Eltern oder halfen im Haushalt. Mädchen heirateten mit etwa zwölf Jahren, die Jungen mit 14.

Unter den etwa 270 Pharaonen gab es nur drei oder vier Frauen. Eine dieser Ausnahmeerscheinungen war die Königin Hatschepsut, die gewaltsam an die Macht kam und 20 Jahre lang herrschte. Ansonsten waren Frauen als Priesterinnen, Hebammen, Tänzerinnen, Musikerinnen und Klageweiber tätig. Manchmal betrieben sie auch Marktstände, oder sie halfen ihren Männern beim Ackerbau.

◆ *Ägypten unterhielt während des Neuen Reiches ständig eine Armee. Die schnellen Kampfwagen wurden von zwei Pferden gezogen, und auf jedem standen ein Wagenlenker und ein Speerträger oder Bogenschütze. Die Fußsoldaten kämpften mit Schwert, Speer oder Pfeil und Bogen.*

◆ Zur Herstellung dieser fischförmigen Flasche wurden farbige Glasstreifen um das Gefäß gelegt und in erhitztem Zustand mit einem Kamm zu Wellen ausgezogen.

fischförmige Parfümflasche

◆ Reinlichkeit war den Ägyptern sehr wichtig. In vielen Häusern gab es eine tragbare Toilette mit einem Sitz und einem großen, sandgefüllten Topf

Toilette

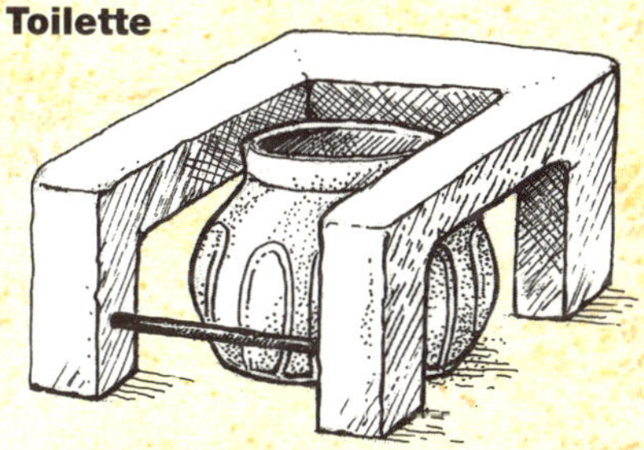

◆ Die Wasseruhr war ein Gefäß mit gleichmäßigen Markierungen, die den Lauf der Zeit anzeigten. Durch ein Loch im Boden tropfte Wasser; da es schneller floß, wenn das Gefäß voll war, mußte der Behälter oben weiter sein als unten.

Wasseruhr aus Keramik

Das Ende des ägyptischen Reiches

1070 – 30 v. Chr.

Seit der Mitte des 12. Jahrhunderts v. Chr. befand sich das Neue Reich im Niedergang. Mißernten führten zu Unruhen im Land, und von außen wurde es durch Seefahrernationen bedroht. Ramses III. (1197-1165 v. Chr.) aus der 20. Dynastie besiegte die Invasoren zwar in zahlreichen Land- und Seeschlachten, aber die späteren Pharaonen waren weniger mächtig.

Um 1100 v. Chr. gab es einen Bürgerkrieg, an dem sich Libyer und Nubier beteiligten. Fünf Jahre später übernahmen Priester unter Führung von Herihor die Macht, und 1085 v. Chr., mit dem Tod von Ramses XI., ging das Neue Reich zu Ende.

◆ *Ägyptische Kinder spielten mit Kreiseln, Bällen und Holztieren, die sie zum Teil auf Rädern hinter sich herziehen konnten.*

◆ *Das Juwelierhandwerk war hoch entwickelt. Wer mit Gold und Halbedelsteinen arbeitete, trug einen besonderen Titel.*

Invasionen

Wieder wurde das Land geteilt. Herihor regierte von Theben aus über den Süden, und im Norden rief der libysche Kaufmann Smendes die 21. Dynastie mit der Hauptstadt Tanis aus.

Auf die libyschen Pharaonen folgten die Nubier. Sie förderten das Studium der Vergangenheit und die Rückkehr zu den künstlerischen Maßstäben des Alten Reiches. Unter ihrer Herrschaft gedieh das Handwerk und vor allem die Schmiedekunst.

Ägyptens Reichtum zog auch andere Herrscher an, und 671 v. Chr. fielen die Assyrer in das Land ein. Mit ihren neuartigen Eisenwaffen unterwarfen sie die Ägypter. Sieben Jahre später erhielten diese jedoch mit Hilfe der Griechen ihre Unabhängigkeit zurück.

Eine weitere Invasion erlebte Ägypten 525 v. Chr, diesmal durch die Perser. Sie herrschten bis 404 v. Chr.; dann sorgten die Griechen dafür, daß erneut ein Ägypter den Thron bestieg.

Die Perser kehrten 343 v. Chr. zurück. Kurz darauf, 332 v. Chr., eroberte Alexander der Große das Land und verleibte es seinem Riesenreich ein. Er gründete in Unterägypten eine neue Stadt, die er Alexandria nannte. Nach Alexanders Tod kam die griechische Familie der Ptolemäer an die Macht, die Ägypten fast 300 Jahre lang beherrschte.

Die Ptolemäer verbreiteten in ihrer Regierungszeit die griechische Kultur in Ägypten. Sie machten Alexandria zur Hauptstadt und bauten dort das erste Museum der Welt sowie die größte Bibliothek jener Zeit. Die letzte Herrscherin dieser Dynastie war Kleopatra VII., die 51 v. Chr. den Thron bestieg.

KLEOPATRA

Kleopatra, 69 v. Chr. geboren, wurde mit 18 Jahren neben ihrem Bruder Ptolemäus XII. zur Mitherrscherin Ägyptens. Sie war wegen ihrer Liebenswürdigkeit und Klugheit berühmt. Die römischen Feldherren Julius Cäsar und Marcus Antonius verliebten sich in sie. Mit Julius Cäsar hatte sie einen Sohn, und der Römer half ihr auch, wieder an die Macht zu kommen, nachdem ihr Bruder sie 48 v. Chr. vom Thron gestoßen hatte. Als die Römer Ägypten 32 v. Chr. den Krieg erklärten, führte Marcus Antonius Kleopatras Truppen. Ein Jahr später errang Rom in der Schlacht von Actium den Sieg über die Ägypter und Marcus Antonius; nach einem weiteren Jahr begingen Kleopatra und Marcus Antonius gemeinsam Selbstmord. Nun wurde Ägypten zu einer Provinz des römischen Reiches mit einem römischen Statthalter.

◆ *Der Nil blieb der wichtigste Handelsweg zum Mittelmeer und zu anderen Gebieten Afrikas. In den Städten an seinem Ufer tauschten die Ägypter Getreide gegen Gold und Edelsteine, Elfenbein und sogar wilde Tiere. Reiche Leute hielten sich zum Beispiel Leoparden und Affen als Haustiere.*

◆ Vielen Ägyptern gab man „Uschebti"-Figuren mit ins Grab. Diese, so glaubte man, würden auf einen Befehl von Osiris hin lebendig werden und dem Verstorbenen dienen. In die Uschebti von Sethos I. ist das Versprechen eingraviert, für den Pharao im Jenseits in der Landwirtschaft zu arbeiten.

Uschebti-Figur

◆ Der Stein von Rosette stammt aus dem Jahr 196 v. Chr. und ist mit einer Verordnung des Königs Ptolemäus V. beschrieben. Der Text ist in Hieroglyphen sowie auf demotisch (der damals üblichen Sprache) und griechisch eingraviert. Anhand dieses Steins, der 1799 gefunden wurde, konnte man die Hieroglyphen entziffern, die zuvor lange ein Rätsel gewesen waren.

◆ Ein beliebtes Spiel war Senet: Man spielte es mit zwei Gruppen von Steinen und einem Brett mit 30 Quadraten. Gewonnen hatte, wer zuerst alle Steine vom Brett nehmen konnte.

Senet-Spiel

DER FERNE OSTEN

Unter den alten Hochkulturen des Fernen Ostens ist die chinesische am besten bekannt. Im Tal des Gelben Flusses (Huang He) siedelten sich etwa 6000 v. Chr. die ersten Bauern an. Die Dörfer entstanden entlang des Flusses und im Bereich der Bucht von Hangzhou, wo man seit etwa 5000 v. Chr. Reis anbaute.

Etwa 2700 v. Chr. herrschten Fürsten erstmals über größere Gebiete, und schließlich war das ganze Land unter mehreren aufeinanderfolgenden Dynastien vereint. Unter diesen Herrschern entstanden Städte wie Anyang, Xianyang und Chang'an.

Durch den Seidenhandel kamen die alten Chinesen mit vielen Kulturen des Fernen Ostens und anderer Regionen in Kontakt. Manche davon, zum Beispiel in Japan und Korea, wurden stark von China beeinflußt. Die Chinesen ihrerseits glaubten aber, ihre Kultur sei allen anderen überlegen, und deshalb ließen sie sich von außen nicht beeinflussen.

◆ *Ein Palast in Anyang, einer Hauptstadt der Shang.*

◆ *Tonmodell eines Wachturms aus der Han-Dynastie, gefunden in einem Grab.*

Erste chinesische Hochkulturen

bis 1122 v. Chr.

Die ersten chinesischen Siedlungen entstanden etwa 6000 v. Chr. im Tal des Huang He. In Dörfern wie Banpo, das in den 50er Jahren dieses Jahrhunderts ausgegraben wurde, züchtete man Hühner, Hunde, Schweine und Nutzpflanzen. Der fruchtbare Lehmboden war recht locker und ließ sich mit Steingeräten leicht bearbeiten. Die Bewohner von Banpo bauten Hirse an, die in dem trockenen Klima gut gedieh.

Andere Stämme siedelten sich frühzeitig an der Ostküste im Bereich der Hangzhou-Bucht an. Hier eignete sich das feuchte Land gut für den Reisanbau.

◆ *Große Keramikgefäße dienten zur Lagerung von Wasser und Getreide sowie zum Kochen. Man konnte sie auch gegen andere Waren eintauschen.*

Die ersten Siedlungen entstanden wahrscheinlich unabhängig voneinander, die Bewohner wußten nicht, daß es andere Menschengruppen gab.

Im Norden Chinas lebte das alte Volk der Yangshao, das durch seine schön bemalten Keramikgefäße bekannt wurde.

Im östlichen China blühte von 3000 bis 2400 v. Chr. die Kultur der Völker von Longshan. Gegen Ende dieser Zeit verwendete man nicht mehr Stein, sondern Bronze zur Herstellung von Werkzeugen und Waffen.

Am wichtigsten war immer noch die Landwirtschaft, aber allmählich wandelte sich die Gesellschaft. Manche Menschen wurden reicher und mächtiger als andere und herrschten dann als Könige.

Die Shang-Dynastie

Die ersten Herrscher sollen die Könige der Xia-Dynastie (2100-1726 v. Chr.) gewesen sein, aber ob es sie wirklich gab, ist historisch nicht genau belegt. Die erste sicher bekannte Dynastie war die der Shang (1726-1122 v. Chr.). Ihre Geschichte und die Namen aller ihrer Herrscher sind

◆ *In Banpo waren manche Häuser teilweise unterirdisch angelegt; in der Mitte war eine Feuerstelle zum Kochen und Heizen. Die Dächer wurden von zusammengebundenen Balken getragen und innen von Holzpfeilern gestützt.*

◆ *Die Soldaten der Shang trugen im Kampf schwere Rüstungen, die meist aus Bambus und Holz bestanden und mit Stoff gepolstert waren.*

auf Orakelknochen festgehalten.

Zu jener Zeit wurde der Bronzeguß immer wichtiger, und es entwickelten sich immer mehr Gemeinschaften von Bronzeschmieden. Diese Gruppen zogen andere Handwerker an, und so entstanden Städte wie Anyang, die Hauptstadt der Shang-Zeit. Hier baute man Häuser, Paläste, Tempel und Gräber.

Die meisten Menschen lebten immer noch von der Landwirtschaft. Die Shang-Könige beanspruchten das Landeigentum für sich selbst, gestatteten aber anderen, die Flächen an ihrer Stelle zu bewirtschaften. Wenn es notwendig war, verlangten sie von den Bauern, daß sie als Soldaten kämpften.

Die Shang-Könige hielten auch Sklaven unter schrecklichen Bedingungen und opferten sie manchmal zu Ehren toter Ahnen. Im Jahr 1122 v. Chr. lehnten sich die Sklaven schließlich auf und schlossen sich der Armee der Chou an, die Anyang angriff und den letzten der Shang-Könige besiegte.

◆ *Nach archäologischen Befunden war Banpo ein Dorf mit etwa 500 Einwohnern. In seiner Mitte stand ein großes Gemeindehaus, und nach außen war es durch einen Graben begrenzt.*

◆ Während der Shang-Dynastie entstand die chinesische Schrift. Die ersten Beispiele finden sich auf Orakelknochen, aus denen die Zukunft gelesen wurde.

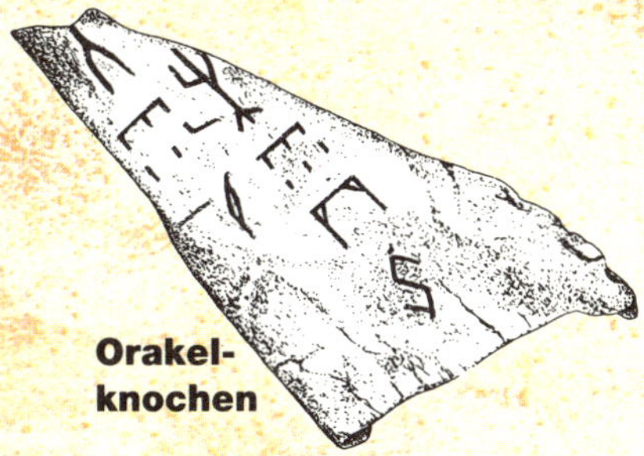

Orakelknochen

◆ In dieser Zeit stellten die Handwerker Gegenstände zur Zierde und für praktische Zwecke her. Besonders beliebt waren Jadeschnitzereien, die manchmal auch für religiöse Zeremonien verwendet wurden.

offener Ring aus Jade

◆ Die reichen Chinesen trugen Seidengewänder, die im Sommer Kühlung boten.

Seidenraupen auf Maulbeerblättern

DIE CHOU-DYNASTIE: ZEIT DER AUFSTÄNDE

1122 – 221 v. CHR.

Die Chou-Könige regierten China über 900 Jahre lang, und in diese Zeit fielen wichtige Ereignisse. Man unterteilt die Dynastie nach der Lage der Hauptstädte in Westliche Chou (1122-770 v. Chr.) und Östliche Chou (770-221 v. Chr.). Die Östliche Chou-Zeit ist wiederum gegliedert in die Frühling-und-Herbst-Periode (770-476 v. Chr.) und die Zeit der Streitenden Reiche (476-221 v. Chr.).

Zunächst war das Leben unter den Chou-Herrschern weniger fortschrittlich als in der Shang-Dynastie, aber bald übernahm man deren Lebensweise. Landwirtschaft, Schrift und Bronzeguß gab es weiterhin. Auch das Feudalsystem mit der Einteilung der Gesellschaft in Adel, Bauern und Sklaven behielt man bei.

Hauptstadt war aber nicht mehr Anyang, sondern Hao, und die Könige nannten sich „Söhne des Himmels“. Sie führten ihre Abstammung auf einen Gott zurück und glaubten, der Himmel (tien) habe ihnen die Herrscherwürde verliehen. Wenn sie schlecht regierten, so war die Überzeugung, würde der Himmel die Königswürde zurückfordern und sie absetzen.

Etwa 770 v. Chr. griffen Nomadenvölker das Chou-Reich

◆ *Die Chinesen entdeckten, wie man große Bronzeglocken herstellen kann: Sie gossen die Teile einzeln und setzten sie dann zusammen.*

◆ *Bei Aufständen zerstörten die Soldaten unbarmherzig die Felder der Feinde.*

Konfuzius und Lao-Tse
In der Chou-Zeit wurde auch Kung-fu-tse oder Konfuzius (551-479 v. Chr.) geboren. Dieser Name bedeutet „Großer Meister Kung“. Nach seiner Lehre hat jeder einzelne seinen Platz in der Gesellschaft, und die Menschen sind füreinander verantwortlich.

Konfuzius

Ein weiterer Philosoph, der viele Anhänger hatte, war Lao-Tse, der „Alte Meister“. Er lehrte, die Menschen sollten ein einfaches Leben im Einklang mit der Natur führen. Er soll das sogenannte Tao Te King („Der Weg des Lebens“) geschrieben haben. Lao-Tses Lehren sind unter dem Namen Taoismus bekannt.

von Norden her an und setzten den König ab. An seine Stelle trat König Ping, der die Hauptstadt nach Luoyang verlegte; damit begann die Frühling-und-Herbst-Periode.

Jetzt trat das widerstandsfähigere Eisen als Material für Werkzeuge und Waffen an die Stelle der Bronze, und man baute mehr Nutzpflanzen an. Einige Adlige wurden immer reicher und mächtiger. Schließlich stritten sie sich, und 476 v. Chr. brach Krieg aus.

Die Streitenden Reiche

Die Zeit der Streitenden Reiche war für die Chinesen schwierig, denn nun kämpften etwa 200 Kleinstaaten um die Macht. In besiegten Staaten verloren die Reichen ihre Ländereien, und die Armen wurden überall mit hohen Steuern zur Finanzierung der Armeen belegt. Männer wurden als Soldaten eingezogen, so daß sie nicht mehr als Bauern arbeiten konnten. Im Jahr 221 v. Chr. errang der Staat Ch'in die Kontrolle über das ganze Land.

◆ Der chinesische Glaube, daß alles mit allem im Einklang steht, verkörpert sich im Symbol von Yin und Yang: Das dunkle Yin ist mit dem hellen Yang verschlungen, und jedes enthält ein kleines Stück des anderen. Yin steht für das weibliche, Yang für das männliche Prinzip.

Yin-Yang-Symbol

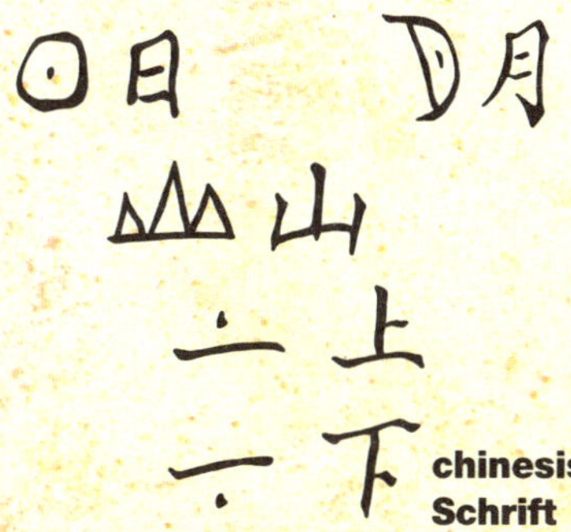
chinesische Schrift

◆ Die chinesische Schrift besteht aus Bildzeichen, die nicht Laute, sondern Worte oder Ideen darstellen. Zur Zeit der Chou Dynastie waren bereits Tausende von ihnen in Gebrauch; sie wandelten sich von einfachen Bildern zu komplizierten Symbolen, die schwieriger zu verstehen waren.

◆ Äxte dienten zum Kampf, zu Zeremonien und als nützliche Werkzeuge. Rituelle Äxte waren oft reich verziert.

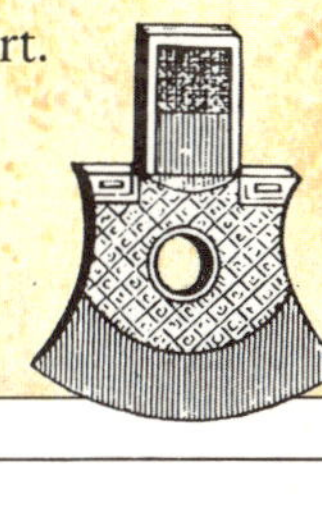

Axt

Die Ch'in-Dynastie: Shi Huang-ti

221 – 206 v. Chr.

Die Ch'in-Dynastie beherrschte China nur 15 Jahre lang, aber Shi-Huang-ti, ihr erster Herrscher, war energisch und prägte mit seinen Reformen das Land für lange Zeit.

Anfangs war Shi Huang-ti der König des westlich gelegenen Staates Ch'in. Bis 221 v. Chr. hatte er alle anderen Staaten erobert und China zu einem großen Reich mit sich selbst als Kaiser gemacht.

Um das Land nach den langen Kriegsjahren zu einigen, organisierte er die Verwaltung nach seinen eigenen Richtlinien neu. Die Bauern zahlten ihre Steuern unmittelbar an ihn. Er entmachtete die Adelsfamilien und zwang sie, in der Hauptstadt Xianyang zu wohnen, wo er sie überwachen und von ihren Anhängern fernhalten konnte.

Das Land wurde in neue Verwaltungsbezirke unterteilt, so daß es sich leichter regieren ließ. Man verbesserte die Wasserwege und baute neue Straßen, so daß die kaiserlichen Beamten leicht durch das ganze Land reisen konnten.

Um sicherzustellen, daß seine Anweisungen überall verstanden wurden, verordnete Shi Huang-ti dem ganzen Reich das gleiche Schriftsystem. Auch Maße und Gewichte, die Währung und die Spurweite der Wagen wurden vereinheitlicht.

◆ *Shi Huang-ti wurde in einem Grab mit einer Armee von über 7500 lebensgroßen Terrakotta-Soldaten beerdigt, die ihn und seine Schätze im Jenseits bewachen sollten.*

◆ *Hauptsächlich von Strafgefangenen ließ Shi Huang-ti die Chinesische Mauer bauen, um sein Reich nach Norden abzusichern. Die Mauer war 2450 Kilometer lang.*

Ein frühes Münzsystem

In den einzelnen Regionen Chinas gab es unterschiedliche Münzen: Manche waren rund, andere spaten- oder messerförmig. Diese Formen stammten wahrscheinlich aus Zeiten, als Spaten und Messer wertvolle Güter für den Tauschhandel waren. Shi Huang-ti sorgte dafür, daß nur noch runde Bronzemünzen benutzt wurden.

Li Si, der oberste Berater des Kaisers, glaubte, die Menschen seien grundsätzlich schlecht und müßten gezwungen werden, die Gesetze des Kaisers zu befolgen; taten sie es nicht, wurden sie hingerichtet. Deshalb ging es unter Shi Huang-ti oft sehr brutal zu.

Damit die Menschen nicht mehr an die Vergangenheit dachten, ordnete Shi Huang-ti die Verbrennung aller Aufzeichnungen aus der Zeit vor der Ch'in-Dynastie an, und außerdem ließ er über 400 Gelehrte töten. Er wollte verhindern, daß das Volk den Lehren von Konfuzius und Lao-Tse folgte.

Viele Untertanen mußten an seinen großen Bauvorhaben mitarbeiten, so an der Chinesischen Mauer, den Kanälen und den Bewässerungssystemen.

Shi Huang-ti fürchtete sich vor Aufständen und mußte dafür sorgen, daß die Armee nicht ohne seine Erlaubnis ausrückte. Deshalb führte er ein Kontrollsystem mit Kerbhölzern ein. Die eine Hälfte davon besaß er selbst, die andere die Offiziere seiner Armee. Ein Befehl war nur dann gültig, wenn den Soldaten beide Hälften gezeigt wurden.

Shi Huang-ti starb 210 v. Chr. Ihm folgte sein Sohn, der aber schwach und habgierig war. Im Jahr 209 v. Chr. gab es einen Bauernaufstand; schnell stand eine rebellische Armee bereit, und 206 v. Chr. wurde der Kaiser abgesetzt; China zerfiel wieder in eine Reihe von Kleinstaaten.

Bewässerungspumpe

◆ Durch den Bau von Bewässerungssystemen für die Felder verbesserte Shi Huang-ti die Lebensmittelversorgung. Man grub viele kleine Kanäle und pumpte das Wasser von dort auf den Acker.

◆ Shi Huang-ti fürchtete sich vor dem Tod. In seinem Palast gab es über 1000 Schlafzimmer, und er schlief jede Nacht in einem anderen, um Mördern zu entgehen. Schließlich starb er eines natürlichen Todes.

Details der Terrakotta-Armee

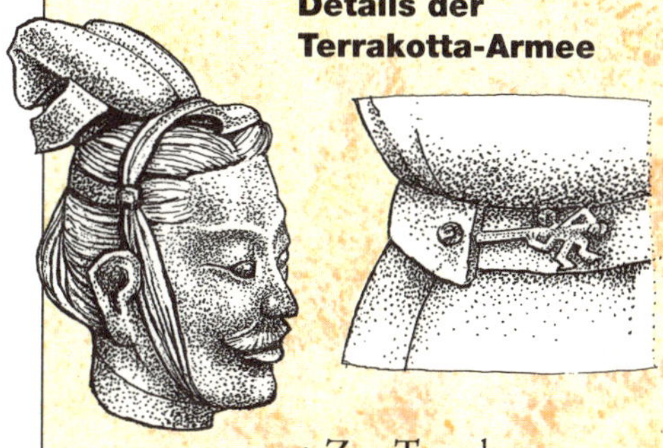

◆ Zur Terrakotta-Armee gehörten Wagenlenker, Fußsoldaten und Bogenschützen, aber auch Offiziere, die man an ihrem aufwendigen Helmschmuck erkennt. Man legte großen Wert auf Einzelheiten bis hin zu den Gürtelschnallen.

Die Han-Dynastie: China wird geeint

202 v. Chr. – 220 n. Chr.

Die Han-Dynastie gelangte in China 202 v. Chr. an die Macht. Ihre Herrscher vereinigten das Land erneut und nannten sich Kaiser. Sie versuchten, die während der Ch'in-Zeit unter Shi Huang-ti zerstörten Schriften zu ersetzen, und gestatteten den Menschen, die Werke von Konfuzius zu studieren.

Zur Verwaltung des Riesenreiches brauchten die Han-Kaiser viele Behörden und Beamte. Sie sorgten dafür, daß alle Bürger die Gesetze kannten und befolgten und ordnungsgemäß Steuern zahlten. Die obersten Beamten nannte man Mandarine. Um ihre Stellung zu erlangen, mußten sie eine Prüfung ablegen, die sich auf die Lehren von Konfuzius gründete.

Reichtum und Fortschritt

Die Han-Kaiser waren weniger streng als die Ch'in-Herrscher, und nun blühte China auf. Der Kaiser Wu Ti fügte dem Reich große Teile Mittelasiens, die südliche Mandschurei und lange Abschnitte der chinesischen Südostküste hinzu. Nach einer Volkszählung aus dem Jahr 2 n. Chr. lebten 59 594 978 (fast 60 Millionen) Menschen im Han-Reich.

Der zunehmende Handel innerhalb des Reiches und darüber hinaus brachte Städten wie Chang'an schnellen Reichtum. Chang'an war die Hauptstadt des Han-Reiches, wo der Kaiser und die Adelsfamilien im Luxus lebten. Über zwei Drittel der Stadt bestanden aus Kaiserpalästen, manche davon mit bis zu 115 Meter hohen Pagoden.

Zu dieser Zeit machten die Chinesen auch in Wissenschaft und Technik große Fortschritte. Sie fanden zum Beispiel heraus, daß ein Jahr 365,25 Tage hat, und entdeckten magnetische Erze, mit denen sie beim Tempelbau die Himmelsrichtungen bestimmten.

◆ *Die Landbewohner kamen in die Städte, um Lebensmittel und Tiere zu kaufen oder zu verkaufen. In den lauten Geschäftsstraßen boten Briefschreiber, Astrologen, Barbiere und Zahnärzte ihre Dienste ebenso an wie Handwerker, Bauern und Händler.*

◆ *Bronzefigur eines reichen Mannes in einem Wagen, gefunden im Grab eines Beamten aus der Han-Zeit. Sie stammt aus dem 2. Jahrhundert v. Chr. Später verwendeten die Handwerker auch Eisen.*

Sie erfanden ein Geschirr, mit dem Pferde einen schweren Wagen leichter ziehen konnten, und überspannten einige Schluchten im Himalaya mit Brücken aus Bambus. Werkzeuge und Waffen stellte man aus Eisen her, aber die Bronzeschmiede fertigten weiterhin schöne Figuren und Verzierungen. Einige besonders hübsche Stücke zeigen galoppierende Pferde.

Bis zu dieser Zeit hatte es zwischen China und der übrigen Welt wenig Berührung gegeben. Nun wurden die Karawanenstraßen ausgebaut und Gesandte ins Ausland bis weit nach Westen geschickt; chinesische Waren, insbesondere Seide, wurden in fernen Ländern gern gekauft. Der Wohlstand Chinas wuchs beständig an.

Das Ende der Dynastie

Schließlich gab es Schwierigkeiten. Durch das Bevölkerungswachstum wurde das Land knapp. Die Bauern verdienten nicht mehr genug, um Lebensmittel zu kaufen und Steuern zu bezahlen. Auch von außen wurde das Reich angegriffen, und die Offiziere verloren die Kontrolle über die Armee. Im Jahr 220 n. Chr. dankte der letzte Han-Kaiser ab, und das Reich zerfiel erneut.

◆ *Prinz Liu Cheng wurde 113 v. Chr. in einem kostbaren Anzug aus über 2000 hauchdünnen Jadeplättchen beigesetzt, die mit Fäden aus Gold, Silber und Bronze zusammengenäht waren. Man glaubte wohl, die Jade werde den Körper konservieren, aber als man das Grab 1968 öffnete, war der Leichnam verwest.*

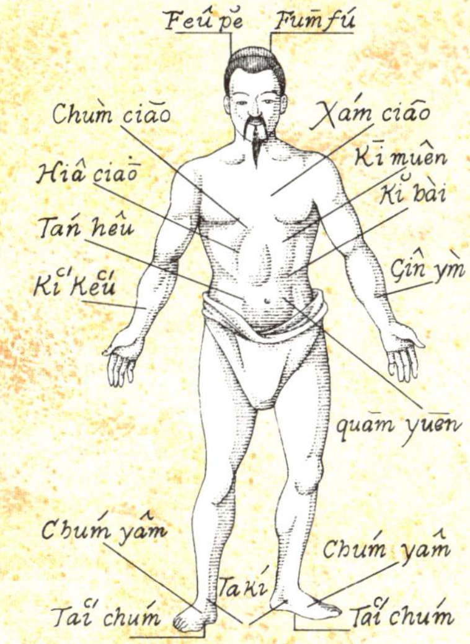

Akupunkturkarte

◆ Im China der Han-Zeit behandelte man Krankheiten mit Akupunktur. Solche Karten zeigten die Punkte, an denen man die Nadeln bei verschiedenen Leiden einstechen sollte.

◆ Auch das Papier ist eine Erfindung der Han-Zeit. Zunächst stellte man es aus Seidenfasern her, später benutzte man dann Pflanzen und Lumpen. Schon bald waren Schriftstücke aus Papier recht verbreitet.

◆ Ein Hofastronom erfand den Seismographen. Wenn die Bronzevase durch ein Erdbeben zitterte, öffnete sich ein Drachenmaul in Richtung des Bebens, und die Kugel fiel in das Maul der Kröte.

Seismograph

Eine Zeit des Chaos: die drei Reiche

220 – 618 n. Chr.

Nach dem Ende der Han-Dynastie zerfiel China in drei Reiche: Wei im Norden, Shu im Westen und Wu im Süden und Osten. In der Zeit der drei Reiche, wie man diesen Abschnitt der chinesischen Geschichte nennt, war das Leben hart, vor allem im Norden, der ständig durch die Invasionen der Nomadenvölker bedroht war.

Von 265 bis 317 n. Chr. war China für kurze Zeit wieder vereinigt. Dann brachen feindliche Nomaden von Norden her ins Land, und man konnte sie erst am Jangtsekiang zurückschlagen. Daraufhin zerfiel der Norden wieder in zahlreiche Kleinstaaten.

Kulturell blieb das Land zwar vereinigt. Die Eindringlinge wurden seßhaft und übernahmen die chinesische Lebensweise, und die Kultur derer, die in den Süden geflohen waren, übte dort großen Einfluß aus. Dennoch verarmte China durch die vielen Unruhen. Die Bauern konnten kaum noch genügend Lebensmittel zur Ernährung der Bevölkerung anbauen, die Menschen mußten hohe Steuern bezahlen und lange in der Armee dienen.

Im Jahr 581 kam in Nordchina Yang Chien an die Macht, und eroberte mit seiner Armee den Süden.

◆ *Yang Di zwang die Untertanen zu Bauarbeiten an seinem Palast und den Lustgärten. Zur Finanzierung dieser gewaltigen Vorhaben erhöhte er die Steuern und ließ sie sich für zehn Jahre im voraus zahlen.*

◆ Der Kaiserkanal verband die Flüsse Huang He und Jangtsekiang, so daß man nicht nur nach Osten und Westen, sondern auch nach Norden und Süden leichter durch China reisen konnte. Auf dem Kanal war immer viel Betrieb, und viele Menschen lebten ständig auf ihm.

Er vereinigte China unter der Sui-Dynastie, machte Chang'an zur Hauptstadt und regierte von dort aus ungestört. Er senkte die Steuern und verkürzte den Wehrdienst.

YANG DI

Auf Yang Chien folgte sein Sohn Yang Di, der China ebenfalls voranbringen wollte. Er verwendete viel Geld auf den Wiederaufbau des Kaiserkanals, der die Reisfelder entlang des Jangtsekiang mit den Städten Chang'an und Louyang verband. Als der Kanal eröffnet wurde, sollen 80 000 Arbeiter die Schiffe für den Kaiser, seine Familie und die Beamten gezogen haben. Im Jahr 607 zwang er über eine Million Männer zu Reparaturarbeiten an der Chinesischen Mauer. Sie mußten 20 Tage lang arbeiten, und dabei starben viele von ihnen. Schließlich setzten sich die Bauern zur Wehr: Yang Di wurde umgebracht, und die Sui-Dynastie brach zusammen. Erst viele Jahre später gelangte das Land zu neuer Blüte; die Neuerungen der Sui-Zeit bildeten dafür die wirtschaftliche Grundlage.

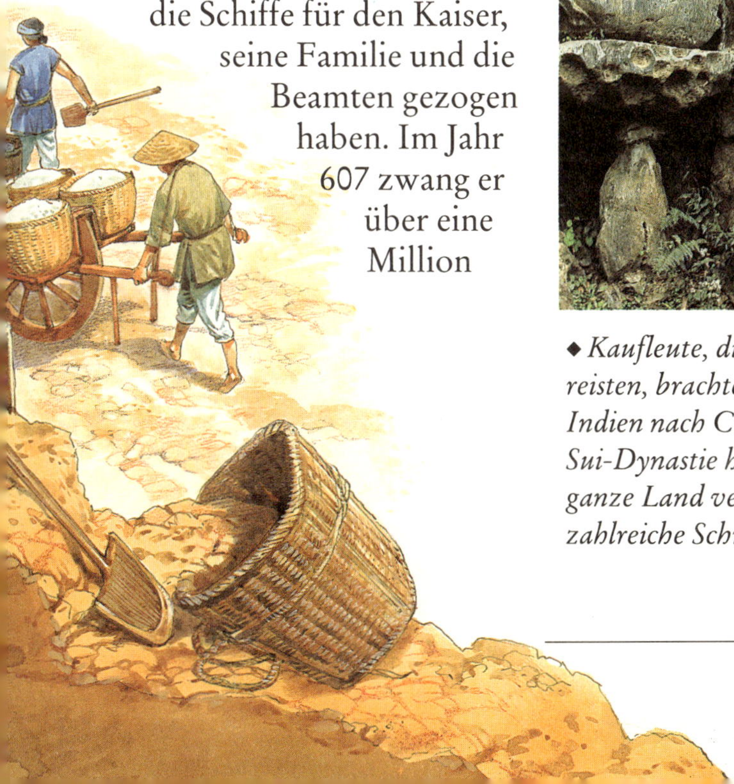

◆ Kaufleute, die auf der Seidenstraße reisten, brachten den Buddhismus aus Indien nach China. Gegen Ende der Sui-Dynastie hatte er sich über das ganze Land verbreitet, und es gab zahlreiche Schreine, Tempel und Klöster.

◆ Die Chinesen erfanden den Schubkarren, aber anfangs diente er nicht zur Lasten-, sondern zur Personenbeförderung.

Schubkarren

◆ Manchmal traten die Flüsse Chinas über die Ufer, so daß Felder und ganze Dörfer weggeschwemmt wurden. Zu anderen Zeiten war Wasser knapp. Yang Chien baute Bewässerungssysteme, um das Wasser besser zu verteilen und die Erträge der Landwirtschaft zu steigern.

Keramikfigur eines Reiters mit Steigbügeln

◆ Eine weitere chinesische Erfindung jener Zeit waren die Steigbügel, die dem Reiter besseren Halt gaben. Außerdem hatte er jetzt in der Schlacht die Hände für die Waffen frei.

Die frühen Völker Japans

16 000 v. Chr. – 500 n. Chr.

Die japanischen Inseln wurden vermutlich um 18 000 v. Chr. vom asiatischen Festland getrennt. Die Archäologen haben aus dieser Zeit schön gearbeitete Steinwerkzeuge gefunden.

Um 16 000 v. Chr. stellten die Menschen Keramikgefäße aus Ton her und verzierten sie mit Schnurabdrücken. Diese sogenannte Jomon-Keramik (nach dem japanischen Wort für „Schnurverzierung“) gab der ganzen Epoche der japanischen Geschichte bis etwa 500 v. Chr. ihren Namen.

In dieser Zeit wuchs Japans Bevölkerung. Die meisten Menschen waren seßhaft, aber im Gegensatz zu den Bewohnern anderer Länder betrieben sie keine Landwirtschaft, weil es reichlich Wild und Fischvorkommen gab.

Erst ungefähr 300 v. Chr. baute man auf den japanischen Inseln Reis und Gerste an. Eine neue Lebensweise hielt Einzug: Die Menschen lebten jetzt in Dörfern, die von einem Ältesten beherrscht wurden. Werkzeuge, Waffen und religiöse Geräte stellte man aus Bronze und Eisen her. Die Metalle stammten vermutlich aus dem Süden Koreas. Außerdem erleichterte die Töpferscheibe die Keramikproduktion.

Die neue Kultur nennt man Yayoi-Zeit nach der Stelle im heutigen Tokio, an der die Archäologen Reste dieser Zivilisation fanden.

◆ *Die Religion des Shintoismus hat ihre Wurzeln in der Bronzezeit; der Name bedeutet „Weg der kami“. Die kami (Götter) finden sich in der Natur und in den Geistern Verstorbener. Bei den Zeremonien in Shinto-Tempeln bat man die kami um gute Ernte, Gesundheit und viele Kinder.*

◆ *Reichen Japanern gab man kleine Tonfiguren von Dienern, Schreibern, Soldaten, Tieren und Alltagsgegenständen mit ins Grab. Manche Gräber waren auch mit Bildern ausgemalt.*

◆ *Die Ureinwohner Japans waren die Ainu oder Ezo; sie lebten bereits auf den Inseln, bevor diese vom Festland aus besiedelt wurden. In Nordjapan gibt es auch heute noch Menschen, die von den Ainu abstammen.*

Etwa 167 n. Chr. vereinigte eine alte Priesterin namens Himiko 30 Kleinstaaten unter ihrer Herrschaft. Sie schickte Botschafter nach China, das damals unter der Han-Dynastie blühte, und ließ sie um Freundschaft und Beratung bitten. Von nun an wurde Japan stark von China beeinflußt.

Die Yamato-Zeit

Das Volk der Yamato stammte aus der Ebene in der Mitte von Japans Hauptinsel Honshu. Die sogenannte Yamato-Zeit dauerte von ca. 200 bis 646 n. Chr.

Ein Shinto-Ritual

Reinheit ist im Shintoismus ein wichtiger Wert, denn sie soll dazu beitragen, die gesellschaftliche Ordnung aufrecht zu erhalten. Bevor die Gläubigen einen Schrein aufsuchen, spülen sie den Mund mit einem besonderen Waschwasser aus.

Im 3. und 4. Jahrhundert n. Chr. beherrschten die Yamato den größten Teil Mitteljapans. Um ihre Macht über die unterworfenen Völker zu stärken, behaupteten sie, sie stammten von der Sonnengöttin Amaterasu ab. Die japanischen Kaiser führen ihre Abstammung bis heute auf die Yamato zurück.

Im 5. Jahrhundert eroberte Japan Teile Südkoreas und wurde durch die Tribute, die es den dortigen Königen abverlangte, reich. Gegen Ende des 5. Jahrhunderts forderten die koreanischen Könige ihr Land zurück und zahlten keine Abgaben mehr. Der Buddhismus, den koreanische Gelehrte nach Japan gebracht hatten, blieb und wurde im 6. Jahrhundert zur Staatsreligion.

◆ In der Jomon-Zeit entstanden Dörfer an Flüssen, Seen sowie am Meer. Die Strohhütten baute man über flachen Gruben, die im Sommer vor Hitze und im Winter vor Kälte schützten.

Strohhütte aus der Jomon-Zeit

◆ In der Yayoi-Periode bestattete man Tote manchmal in Steinsarkophagen, andere legte man in doppelwandige Keramikbehälter. Die größten derartigen Särge sind zwei Meter hoch. Die Begräbnisstätten waren manchmal mit Steinen gekennzeichnet.

Bestattungsbehälter

◆ Als Japan sich vom asiatischen Festland getrennt hatte, pflegten seine Bewohner mit Holzbooten weiterhin Handel und andere Kontakte mit Korea.

Bootsmodell aus einem Grab, 6. Jahrhundert

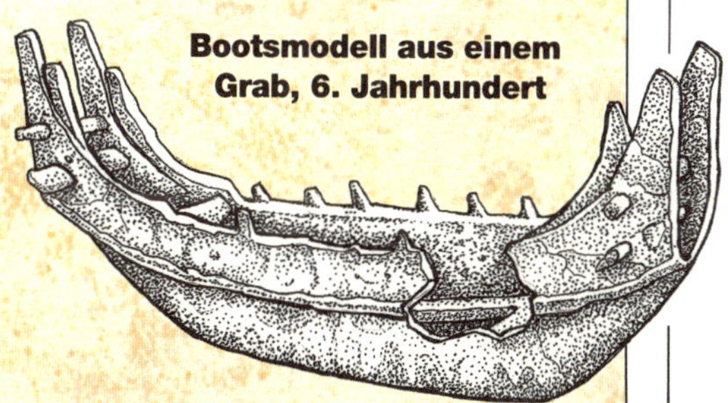

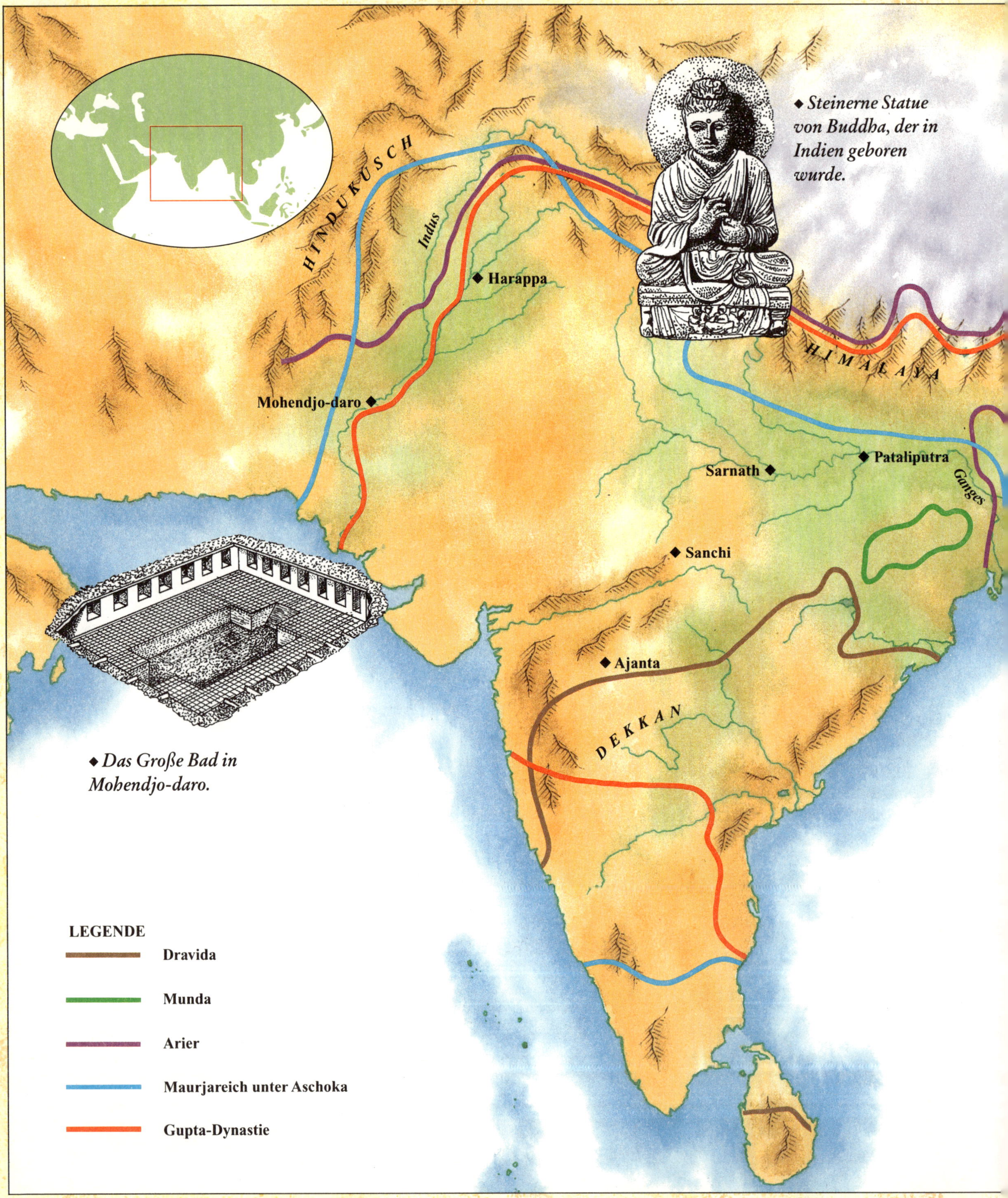

◆ *Steinerne Statue von Buddha, der in Indien geboren wurde.*

◆ *Das Große Bad in Mohendjo-daro.*

DAS INDUS-TAL UND INDIEN

Auf dem indischen Subkontinent gab es die ersten Ansätze einer Landwirtschaft etwa 6500 v. Chr. in den Hügeln westlich des Indus-Tales. Kurze Zeit später wurde in dem feuchteren Gangestal bereits Reis angebaut.

Im Indus-Tal, wo der Fluß bei alljährlichen Überschwemmungen reichlich Schlamm ablagerte, wuchs so viel Getreide, daß man um 2500 v. Chr. große Städte wie Mohendjo-daro bauen konnte.

Im Nordosten bildete der Himalaya ein natürliches Hindernis; deshalb kamen Eindringlinge, aber auch neue Ideen aus dem Nordwesten. Zu diesen Eindringlingen gehörten ca. 1500 v. Chr. die Arier.

Trotz der natürlichen Grenzen gab es Handelsbeziehungen zum chinesischen und römischen Reich sowie zu den Gewürzinseln Indochinas. Pataliputra (heute Patna), die Hauptstadt der Maurja-Dynastie, war persisch beeinflußt; Indien wirkte seinerseits durch die Verbreitung des Buddhismus auf andere Kulturen ein.

◆ *Buddhistische Pilger in Indien im 2. Jahrhundert n. Chr.*

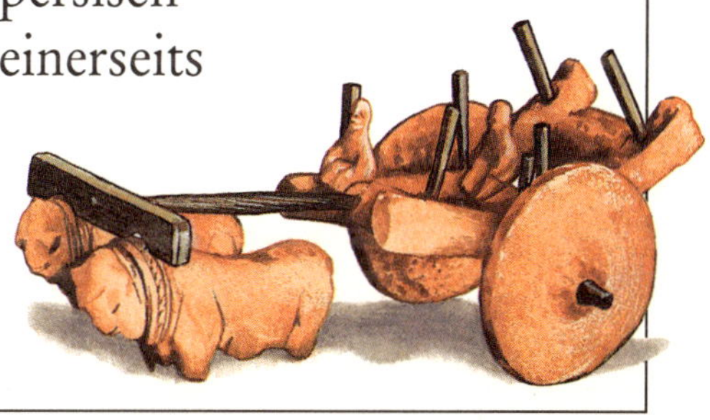

MOHENDJO-DARO UND HARAPPA

2500 – 1500 v. Chr.

Seit etwa 2500 v. Chr. wurden im Indus-Tal Städte gebaut. Die größten waren Mohendjo-daro und Harappa, aber man kennt noch über 100 weitere.

Mohendjo-daro und Harappa hatten angelegte Straßen mit Handwerkerhütten, große öffentliche Gebäude und Kornspeicher, alle aus Ziegeln, die man in holzgefeuerten Öfen brannte. Auch die Häuser bestanden aus Ziegeln und hatten meist mehrere Zimmer, einen Innenhof, einen Brunnen und eine Toilette. In der Mitte jedes Ortes befand sich ein künstlicher Hügel, der als Festung diente.

In Mohendjo-daro hat man auch die Überreste eines Gebäudes ausgegraben, das als „Großes Bad" bezeichnet wird. Das Becken selbst, zwölf Meter lang und drei Meter tief, war zur Abdichtung mit einem teerähnlichen Material ausgekleidet. An den Schmalseiten führten hölzerne Leitern ins Wasser, das vermutlich aus einem Brunnen stammte.

Über die Religion dieser Zeit wissen wir nichts, aber wahrscheinlich schwamm man im Großen Bad nicht zum Zeitvertreib, sondern badete aus rituellen Gründen.

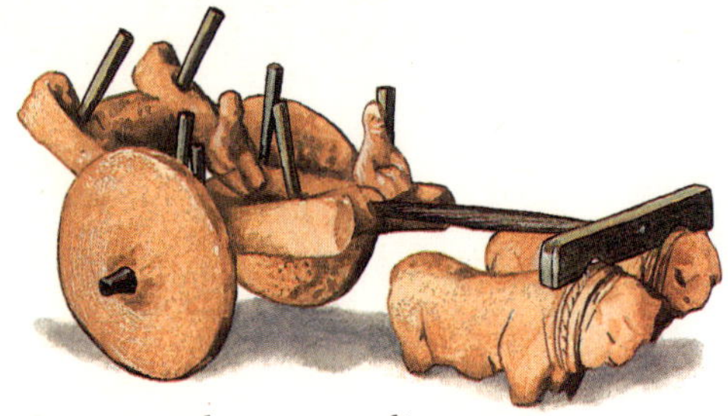

◆ *Dem Landtransport dienten Ochsenkarren. Da sie sehr langsam waren, transportierte man Güter zwischen den Städten wahrscheinlich auf dem Fluß.*

Das Leben im Indus-Tal

Die Wirtschaft des Indus-Tals gründete sich auf Handel und Landwirtschaft mit Gerste, Weizen, Melonen und Datteln als wichtigsten Erzeugnissen. Zur Tierwelt der Region gehörten Elefanten, Wasserbüffel und Nashörner.

Die Bewohner des Indus-Tals stellten zum erstenmal Baumwollkleidung her, und die Töpfer

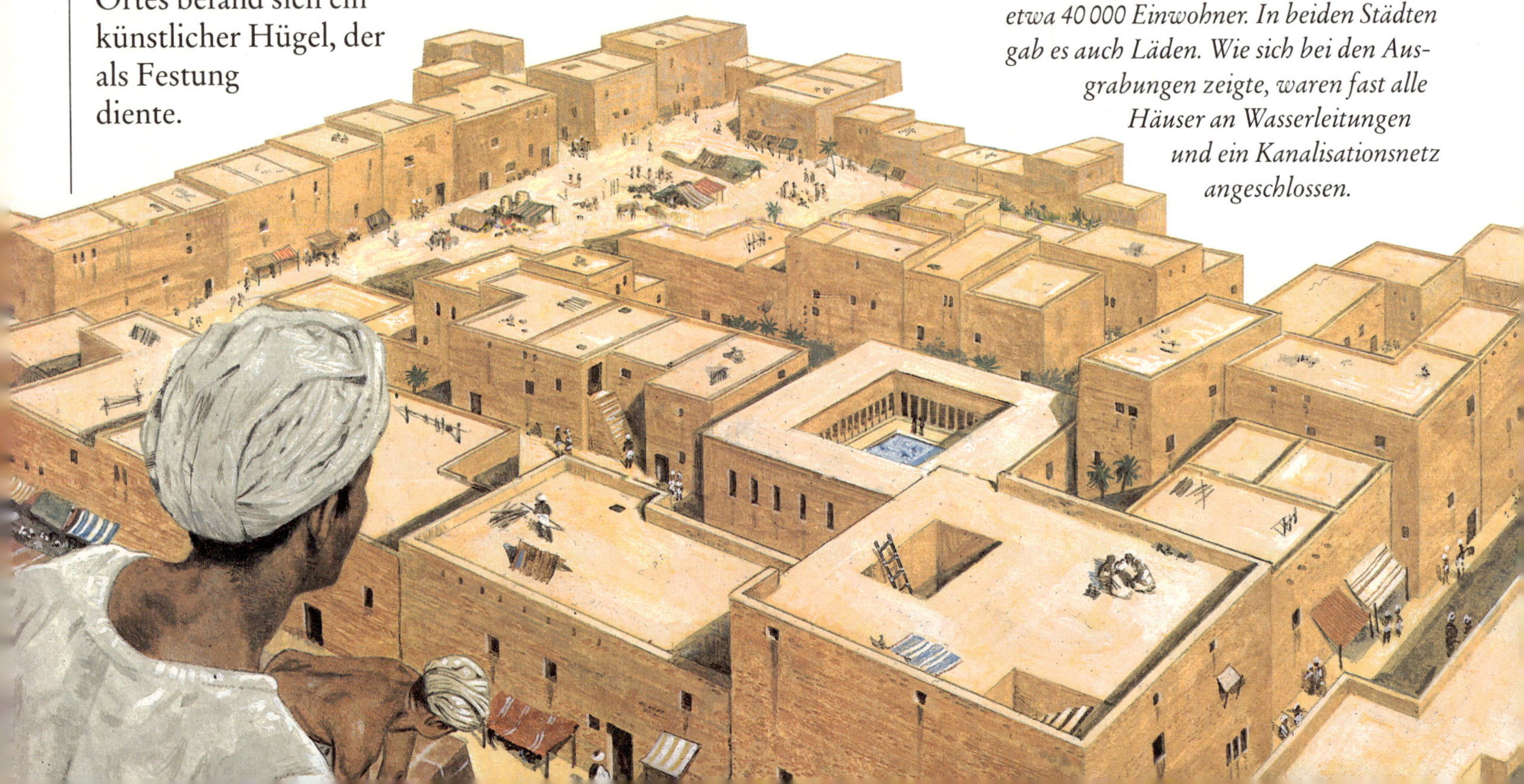

◆ *Mohendjo-daro und Harappa hatten jeweils ein Fläche von ca. 60 Hektar und etwa 40 000 Einwohner. In beiden Städten gab es auch Läden. Wie sich bei den Ausgrabungen zeigte, waren fast alle Häuser an Wasserleitungen und ein Kanalisationsnetz angeschlossen.*

◆ *Seit etwa 1920 macht man in Mohendjo-daro im heutigen Pakistan archäologische Ausgrabungen. Dieser Erdwall war einst die Zitadelle der Stadt.*

bedienten sich der Töpferscheibe. Werkzeuge waren meist aus Stein, aber für Messer, Gefäße, Figuren und Waffen verwendete man auch Bronze. Die Waffen dienten wahrscheinlich nicht zur Kriegführung, sondern zur Jagd.

In den Städten gab es ein einheitliches Maß- und Gewichtssystem, und man kannte eine Bilderschrift. Die Inschriften konnte man allerdings bis heute noch nicht entziffern.

Handelsbeziehungen gab es nicht nur zwischen den Städten, sondern auch mit Baktrien und Persien sowie über das Meer mit den Städten am Persischen Golf und in Mesopotamien.

Über das Leben im Indus-Tal weiß man nicht viel. Es ist zum Beispiel nicht bekannt, wie die Gesellschaft aufgebaut war und ob ein König oder eine Personengruppe die Macht ausübte. Es gibt keine Ruinen eines Palastes, in dem ein Herrscher gewohnt haben könnte.

Die Kultur des Indus-Tales blühte, bis sie etwa 1500 v. Chr. plötzlich erlosch – warum, weiß man nicht genau. Vielleicht änderte der Indus seinen Lauf, so daß nicht mehr genug Nutzpflanzen wuchsen, oder vielleicht konnten die Bewohner auch die Angriffe der Arier aus dem Nordwesten nicht mehr zurückschlagen.

◆ *Auf diesem Siegel erkennt man Bilderschrift aus dem Indus-Tal. In Mohendjo-daro hat man über 1200 solcher Siegel gefunden. Das Tier dürfte ein heiliger Stier sein.*

◆ In den Innenhöfen vieler Häuser von Mohendjo-daro hat man mit Ziegeln ausgemauerte Schächte gefunden. Vermutlich waren es Brunnen, vielleicht dienten sie aber auch als Lager für Getreide oder Speiseöl.

ausgemauerter Schacht

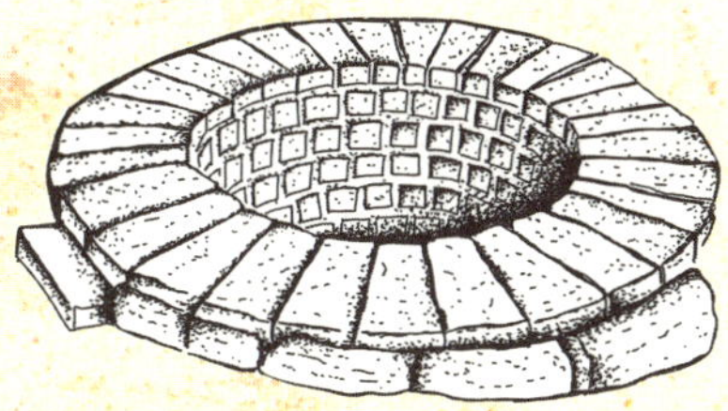

◆ Schmuckwerkstätten im Indus-Tal stellten Halsketten aus Gold, Zinn, glasierter Keramik, Speckstein und Karneol her.

Perlenschmuck aus Mohendjo-daro

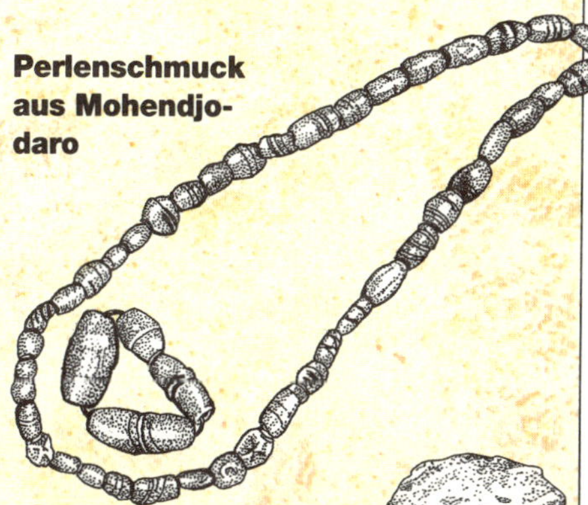

◆ Die Kultur des Indus-Tals erlosch völlig, aber die an manchen Stellen ausgegrabenen Keramikfiguren ähneln stark denen, die noch 1500 Jahre später in Indien hergestellt wurden.

Figur einer Fruchtbarkeitsgöttin

DAS ARISCHE INDIEN: DIE ZEIT DER STÄMME

1500 – 400 V. CHR.

Die Arier, nomadisch lebende Hirten, verließen etwa 1800 v. Chr. ihr Herkunftsgebiet im Süden Rußlands und wanderten nach Südwesten. Sie durchquerten Anatolien, Persien sowie den Hindukusch und gelangten schließlich ins Indus-Tal, dessen Kultur damals gerade im Niedergang begriffen war.

Im Indus-Tal ließen sich die Arier in Stammesdörfern nieder, deren Häuser aus Bambus und Lehm bestanden. Anfangs maßen sie den Reichtum in Rindern und Schafen, und deshalb raubten sie oft die Herden der anderen. Allmählich verbreiteten sie sich bis zum Gangestal, und jetzt kam zur Viehzucht der Weizen- und Reisanbau hinzu. Die Arier stammten aus Gegenden mit rauherem Klima und waren deshalb körperlich robuster als die früheren Bewohner dieser Gegend. Sie hatten Spaß an Kämpfen, Wagenrennen und Glücksspiel; außerdem aßen sie viel Fleisch und tranken Wein.

Ihre Gesellschaft teilten sie in vier Klassen oder Kasten ein: Ganz oben standen die Brahmanen (Priester); es folgten die Ksatriyas (Adlige und Krieger), die Vaishyas (Bauern und Händler) und als unterste Kaste die Shudras, die den anderen drei Gruppen dienten. Noch unter den Shudras standen die Nichtarier, deren Ländereien die Eindringlinge nun beherrschten.

DIE VEDEN

Die Sprache der Arier, das Sanskrit, wurde zunächst nur gesprochen, aber nicht geschrieben. Geschichte und Glauben wurden also nur mündlich

◆ *Die Landwirtschaft wurde in den Arierdörfern nicht von der ganzen Gemeinschaft, sondern von einzelnen Familien betrieben, aber in arbeitsreichen Zeiten arbeiteten alle zusammen, zum Beispiel wenn man auf den vom Ganges überfluteten Feldern die Reiskeimlinge setzen mußte.*

◆ *Der Hindukusch, ein Gebirgszug in Mittelasien, ist etwa 800 Kilometer lang. Sein höchster Gipfel mißt 7692 Meter.*

überliefert. Die Veden (Bücher des Wissens) wurden erst viel später niedergeschrieben. Sie sind die Grundlage der hinduistischen Religion, berichten aber auch über das Leben der Arierzeit. Seit etwa 1000 v. Chr. benutzten die Bauern eiserne Werkzeuge, mit denen sie mehr Bäume abholzen und den schweren Boden des Gangestales besser bearbeiten konnten. Auch Bewässerungssysteme wurden gebaut. So konnte man mehr Getreide anbauen und größere Städte versorgen.

Um 600 v. Chr. gab es in Nordindien 16 größere arische Königreiche, deren Städte jeweils von gewaltigen Mauern aus Lehmziegeln geschützt wurden. Ihre Namen kennen wir aus dem Mahabharata und dem Ramayana, zwei Epen, die etwa 1300 v. Chr. niedergeschrieben wurden.

◆ *Eine Illustration des Mahabharata, einem hinduistischen Epos. Es hat seine Wurzeln in der arischen Zeit, wurde aber erst viel später aufgeschrieben.*

अहं सूर्यचन्द्रौ पश्यामि

Sanskrit-Schrift

◆ Die Arier sprachen eine alte Form des Sanskrit, aus der die heutigen Sprachen Nordindiens hervorgingen. Die Zeile oben bedeutet: „Ich sehe die Sonne und den Mond." Das Wort arya heißt auf Sanskrit „edel" – das zeigt, welchen Einfluß die Arier auf Indien hatten.

◆ Die Arier benutzten Wagen im Krieg, aber auch zum Reisen und zu unterhaltsamen Wagenrennen.

der arische Gott Indra

◆ Der wichtigste Gott der Arier war Indra, der Herr des Krieges und der Stürme und Schöpfer des Universums. Später traten Vishnu, Shiva und Krishna an seine Stelle.

DIE DYNASTIEN DER MAURJA UND GUPTA

321 V. CHR. – 467 N. CHR.

Ende des 6. Jahrhunderts v. Chr. wurde das Indus-Tal zu einem Teil des persischen Reiches, und der Name Indien entstand. Nachdem Alexander der Große die Perser besiegt hatte, gehörte es kurze Zeit zu seinem Reich, aber schon im Jahre 321 v. Chr. kam der junge Krieger Tschandragupta Maurja an die Macht und gründete mit Hilfe seines klugen Ministers Kautilja das Maurja-Reich. Es erstreckte sich von Bengalen bis zum Hindukusch und vereinigte in sich ganz Nordindien einschließlich der Arierstaaten.

Seine Blütezeit erlebte das Reich unter Tschandraguptas Enkel Aschoka, der 273 v. Chr. die Regierung übernahm. Elf Jahre lang vergrößerte er sein Land durch Eroberung von Nachbarstaaten. Nach einer entsetzlichen Schlacht wandelte er sich zum Buddhisten und führte keine Kriege mehr.

Um die vielen Völker seines Reiches zu vereinigen, vertrat Aschoka Überzeugungen wie religiöse Toleranz, Gewaltlosigkeit und die Achtung des anderen. Zur Kontrolle seines Staates hatte er nach wie vor eine Geheimpolizei, aber er bemühte sich auch um die Verbesserung des Lebensstandards und sagte: „Alle Menschen sind meine Kinder." Außerdem förderte er die Verbreitung des Buddhismus.

Als er 232 v. Chr. starb, begann der Zerfall des Maurja-Reiches. Es brach 185 v. Chr. endgültig zusammen, und Indien wurde in kleinere Staaten aufgeteilt.

◆ *Da es in manchen Gegenden Indiens heiß und staubig ist, befahl Aschoka, man solle an den Straßen Feigenbäume anpflanzen, die den müden Reisenden Schatten spendeten.*

DIE GUPTA-DYNASTIE

Die Gupta kamen 320 n. Chr. an die Macht. Sie stammten aus dem Königreich Magadha im Gangestal und regierten 150 Jahre lang den größten Teil Indiens. In dieser Zeit verstärkte sich der Handel zu Lande und zur See. Seide und Gewürze, Gold und

◆ *Aschoka ließ seine Erlasse in Steine, Säulen und Felsen meißeln, die man noch heute überall in Indien findet.*

Edelsteine kamen ins Land, manchmal im Tausch für andere Güter aus weit entfernten Gebieten wie dem römischen Reich. Auf Land, das noch nicht kultiviert war, entstanden neue Hindudörfer; für ihre Entwicklung spielten die Hindupriester eine große Rolle, weil sie sich auch gut in der Landwirtschaft auskannten. Die Bauern glaubten auch, die Priester würden sie vor dem Bösen schützen. Auf der Dekkan-Hochebene in Mittelindien baute man Städte, in denen der Handel ebenfalls blühte.

Der Buddhismus war weit verbreitet, davon kündeten die zahlreichen Buddhastatuen. Musik, Tanz, Kunst und Literatur blühten, und Kalidasa, Indiens berühmtester Dramatiker und Dichter, schrieb über die Schönheit der Natur, die Liebe und das Abenteuer. Ablenkung boten auch Zauberei, Akrobatik und Ringkämpfe.

In der Gupta-Zeit entwickelten sich neue Sitten, so die hinduistische Praxis des *sati* („ergebene Ehefrau"), bei der die Witwe auf dem Scheiterhaufen zusammen mit ihrem toten Mann verbrannt wurde. Eine weitere neue Sitte war die Kinderheirat, bei der kleine Kinder einander versprochen oder kleine Mädchen mit viel älteren Männern verheiratet wurden.

◆ *Wandmalereien in den Höhlen von Ajanta zeigen Musiker und Tänzer, die die königliche Familie unterhalten.*

◆ Die Aschoka-Säule in Sarnath, wo Buddha lehrte, wird von einem Löwenkapitell gekrönt. Ein vierter Löwe steht auf der Rückseite. Dieses Kapitell ist eines der Symbole des modernen Indien.

Löwenkapitell in Sarnath

◆ Zur Verbesserung des Lebensstandards baute Aschoka Hospitäler und Rasthäuser, und er legte Bewässerungssysteme an.

Aschoka

◆ Im Krieg verwendete man mit Erfolg Elefanten. Ein mazedonischer General gab Tschandragupta ein riesiges Stück Land im Tausch gegen 500 Kriegselefanten.

Elefantensiegel

Hinduismus und Buddhismus

1000 v. Chr. – 500 n. Chr.

Zwei wichtige Weltreligionen entstanden in Indien. Die erste, der Hinduismus, ist eine der ältesten heute noch lebendigen Glaubensrichtungen. Er geht auf prähistorische Zeit zurück und entwickelte sich über Jahrhunderte hinweg; heute sind 83 Prozent der Inder Hindus.

Der hinduistische Glaube mit seinem Kastensystem ähnelt stark der Religion der Arier. Für Hindus ist Brahman die höchste Macht im Kosmos. Die drei Aspekte von Brahman verkörpern sich in den Göttern Brahma, Vishnu und Shiva, die viele Formen oder *Inkarnationen* annehmen können. Die verschiedenen Götterbilder trugen dazu bei, den Menschen die Idee von Brahman nahezubringen.

◆ *Hindus und Buddhisten glauben, das Leben sei ein unendlicher Kreislauf von Geburt und Tod. Nach dieser Überzeugung gibt es ein Leben nach dem Tod, und die Menschen werden viele Male wiedergeboren, je nachdem, wie sie das vorherige Leben geführt haben. Dieses Lebensrad aus einem buddhistischen Tempel ist ein Symbol dafür.*

◆ *Nach dem Tod Buddhas wurden seine sterblichen Überreste in Grabhügeln (den Stupas) beigesetzt. König Aschoka baute weitere Stupas und teilte die Überreste neu auf, so daß sie in ganz Indien aufbewahrt wurden. Einer der größten Stupas ist der in Sanchi.*

DER BUDDHISMUS

Der Gründer des Buddhismus war Siddharta Gautama, der unter dem Namen Buddha („der Erleuchtete“) bekannt wurde. Er war ein wohlhabender Prinz, der vor etwa 2500 Jahren, man glaubt, von etwa 563 bis 485 v. Chr., in Indien lebte.

Buddha führte bis zum Alter von 29 Jahren ein ruhiges, behütetes Leben. Dann wurde er zum erstenmal mit Alter, Krankheit und Tod konfrontiert. Das machte ihn so besorgt, daß er seinen Palast verließ, um nach Ursachen und Heilung der Leiden zu suchen. Die Antwort auf seine Fragen fand er durch Meditation: Er sagte, man könne einen Zustand des ewigen Friedens erreichen, den er „Nirwana“ nannte. Schon bald hatte er viele Anhänger.

Die Schüler Buddhas verbreiteten seine Lehre über ganz Indien, und eine Zeitlang sah es so aus, als würde der Buddhismus zur Hauptreligion des Landes. Aber der Hinduismus war zu stark. Anfang des 3. Jahrhunderts n. Chr. war der Buddhismus in Indien stark zurückgegangen, aber in anderen asiatischen Ländern verbreitete er sich weiter.

Hinduismus und Buddhismus haben bei allen Unterschieden auch viel Gemeinsames, so den Glauben an die Wiedergeburt und an Wahrheit, Gewaltlosigkeit und die Achtung aller Lebewesen.

◆ *Das hinduistische Kastensystem kannte vier Gesellschaftsgruppen mit ähnlichen Namen wie bei den Ariern. Ganz oben standen die Brahmanen oder Priester, dann folgten die Kshatriyas oder Krieger, die Vaisyas (Kaufleute) und die Sudhras (Diener). Menschen, die zu keiner dieser Kasten gehörten, galten als Parias oder „Unberührbare“.*

◆ Als der Buddhismus sich über Indien verbreitete, schmückte man Stellen, an denen Buddha gewesen sein soll, manchmal mit geschnitzten Fußspuren.

buddhistische Fußspur

◆ Krishna ist eine der zehn Inkarnationen von Vishnu, dem Erhalter. Man glaubt, Vishnu greife ein, wenn die Erde in Gefahr ist oder wenn die Menschen Trost brauchen.

Krishna

◆ Das Sanskrit-Wort OM besteht aus den drei Lauten A, U und M. Sie können die drei heiligen Schriften, die drei Inkarnationen von Brahman oder einen anderen dreigeteilten Aspekt der hinduistischen Religion darstellen.

Symbol für OM

◆ *Steinwälle in Tiryns, nicht weit von Mykene.*

◆ *Die Akropolis von Athen in einer Rekonstruktion.*

◆ *Der Koloß von Rhodos, eines der sieben Weltwunder der Antike.*

Hochkulturen in der Ägäis

Die geographische Lage Griechenlands und der ägäischen Inseln wirkte sich sehr stark auf die Entwicklung der dortigen Zivilisation aus. Das griechische Festland lag nicht allzu weit vom fruchtbaren Halbmond entfernt, und deshalb betrieb man hier schon frühzeitig Landwirtschaft. Manche Familien erlangten mehr Macht als andere und übernahmen in bestimmten Gebieten die Herrschaft. Wegen der gebirgigen Landschaft konnte aber keine Familie das ganze Gebiet regieren – so blieb es, bis Griechenland 146 v. Chr. zu einem Teil des römischen Reiches wurde.

Die Geschichte der Zivilisation in der Ägäis läßt sich in fünf Hauptperioden einteilen: die Zeit der Minoer auf Kreta, die mykenische Kultur, die dunkle Zeit, die archaische Zeit mit der Entwicklung der Stadtstaaten wie Athen und Sparta und schließlich die klassische Periode.

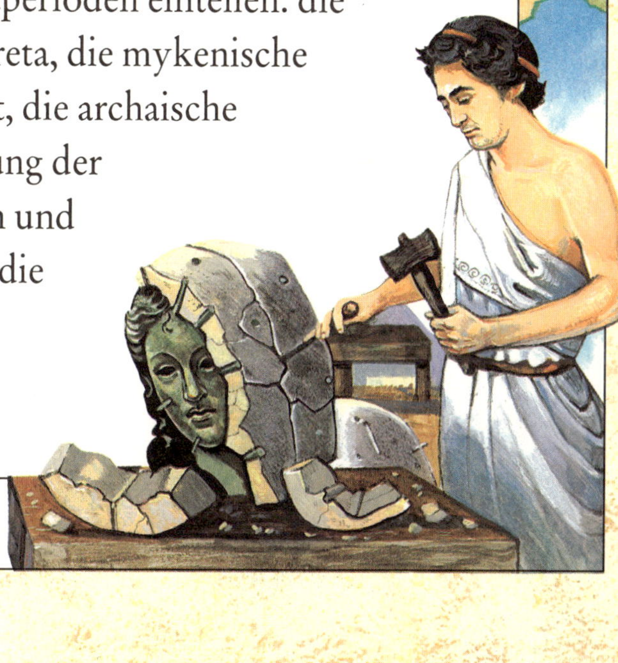

DIE MINOISCHE KULTUR: KRETA

2500 – 1450 v. CHR.

Der Name „minoisch" geht auf den berühmten König Minos von Kreta zurück, von dem aber niemand weiß, ob und wann er gelebt hat. Nach der Sage beherrschte er das ägäische Meer und baute auf Kreta ein Labyrinth für den Minotaurus, ein schreckliches Ungeheuer, das halb Mensch und halb Stier war.

Das Volk der Minoer lebte seit etwa 2500 v. Chr. auf Kreta und anderen Inseln der Ägäis und gelangte von 2200 bis 1450 v. Chr. zu kultureller Blüte. In dieser Zeit errichteten sie mehrere Städte, die sich jeweils um einen Palast gruppierten.

Die Minoer bauen zwar Paläste, aber keine Tempel. Ihre Götter beteten sie in heiligen Höhlen und Heiligtümern auf Berggipfeln an. Außerdem besaßen sie Haustempel, die der Schlangengöttin geweiht waren – sie galt als Schutzheilige der Wohnungen.

Durch ihre gut entwickelte Landwirtschaft konnten die Minoer sich mit reichlich Nahrung versorgen. Nicht jeder mußte sein Getreide selbst anbauen, so daß die Menschen auch andere Fähigkeiten entwickeln konnten.

Es gab geschickte Handwerker, zum Beispiel Töpfer und Schmiede; andere schnitzten wunderschöne Gegenstände aus Elfenbein oder Edelsteinen. Solche Kunstwerke hat man in großer Zahl im ägäischen Raum gefunden, aber auch in den Ländern im östlichen Mittelmeerraum bis hin nach Ägypten. Die Minoer betrieben offensichtlich über das Meer umfangreichen Handel, dem sie einen großen Teil ihres Wohlstandes verdankten.

DER PALAST VON KNOSSOS

Erst im Jahre 1899 legten Archäologen im Norden Kretas die Überreste des Palastes von Knossos frei. Er hatte über 1000 Räume, darunter die Wohnungen für König und Königin, Werkstätten, eine Schule und Lagerräume für Getreide, Olivenöl und Wein. Die Palastmauern waren mit Fresken verziert,

◆ *In der Stadt wohnte man meist in zweistöckigen Häusern; unten befand sich ein Lagerraum, die Wohnräume lagen in der ersten Etage.*

◆ *Die minoischen Goldschmiede waren höchst geschickt. Diese kunstvolle Maske erinnert an die Sage vom Minotaurus, einem Wesen mit Stierkopf und Menschenleib, das angeblich auf der Insel in einem Labyrinth gefangen gehalten wurde.*

die höfische Rituale und Unterhaltungsveranstaltungen zeigen, wie Boxkämpfe oder das Stierspringen, bei dem ein Turner über den Rücken einen Stiers einen Salto machen mußte. Inschriften auf Tontafeln berichten über Einzelheiten des Palastlebens, so zum Beispiel darüber, daß im 15. Jahrhundert v. Chr. bis zu 4500 Menschen aus den Beständen des Palastes mit Nahrung versorgt wurden. Anderen Tontafeln zufolge besaß der Hof bis zu 80 000 Schafe, deren Wolle gesponnen und zu Stoffen gewebt wurde.

Alles Kriegerische war der minoischen Kultur fremd.

Der Untergang der minoischen Kultur

Trotz Reichtum und guter Organisation ging die minoische Kultur um 1450 v. Chr. zu Ende. Dafür gibt es mehrere mögliche Gründe. Die Landwirtschaft im Osten der Insel nahm schweren Schaden durch die Asche eines Vulkanausbruchs auf der nahegelegenen Insel Thera. Die Flutwelle, die auf den Ausbruch folgte, zerstörte viele wichtige Handelshäfen der Minoer. Innerhalb eines Jahrhunderts verlor Kreta seine Vormachtstellung in der Ägäis, so daß Mykene auf dem Festland an seine Stelle treten konnte. Kreta büßte seine Bedeutung für immer ein.

◆ *Die reichen Minoerinnen trugen mit Volants besetzte Röcke aus vielen verschiedenen Materialien und ein in der Taille geschürztes Mieder. Die Kleidung wohlhabender Männer bestand aus einem Lendentuch mit breitem Gürtel und einer raffinierten, mit Federn geschmückten Frisur.*

Tontäfelchen mit Linear-A-Schrift

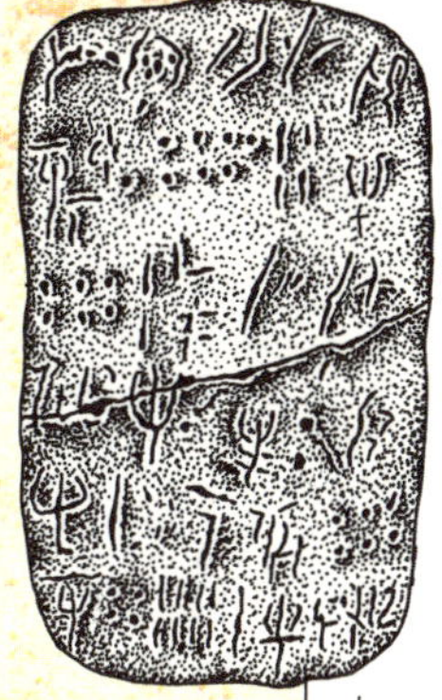

◆ Die Schrift der Minoer entwickelte sich von einer Bilderschrift zu Linear A. Ihr folgte die Schrift Linear B, die 1952 entziffert wurde; wie man dabei erkannte, ist sie eine frühe Form des Griechischen. Die Schrift Linear A ist aber nach wie vor ein Rätsel.

Doppelaxt

◆ Die Doppelaxt (*labrys*) war das Symbol der minoischen Fruchtbarkeitsgöttin. Sie schmückt als sich ständig wiederholendes Muster die Palastwände in Knossos.

◆ Der Palast von Knossos war aus Stein und Holz gebaut. Von seinen Balkons blickte man auf einen zentralen Innenhof. Die königlichen Privatgemächer lagen in der ersten Etage; darüber befanden sich öffentliche Räume.

Rekonstruktion des Palastes von Knossos

Die mykenische Kultur

1650 – 1100 v. Chr.

Auf dem gebirgigen griechischen Festland entwickelten sich viele kleine Staaten oder Königreiche. Am mächtigsten war das Reich von Mykene; sein Name bezeichnet heute die gesamte griechische Kultur der Bronzezeit, die etwa um 1650 v. Chr. begann.

Ausgangspunkt der mykenischen Kultur war eine Reihe kleiner Bergdörfer, die zu wohlhabenden, befestigten Städten heranwuchsen. Anfangs waren die Mykener stark von der minoischen Kultur beeinflußt, aber ab 1450 v. Chr. kehrte sich die Situation um: Mykene weitete seinen Einfluß aus und beherrschte nun auch Kreta.

Paläste

Im Gegensatz zu den Minoern waren die Mykener nicht nur Bauern, Händler und Seefahrer, sondern auch Krieger. Ihre Paläste waren stark befestigt, zunächst mit Palisaden aus dicht nebeneinanderstehenden spitzen Holzpfählen, später mit dicken Mauern aus gewaltigen Steinbrocken. Die Räume in den Palästen gruppierten sich um Innenhöfe; Fußböden und Wände waren gepflastert oder mit Alltagsszenen bemalt.

Die Paläste waren das Zentrum der politischen Macht. Die mykenischen Herrscher besaßen große Ländereien und beaufsichtigten auch Handel und Handwerk.

Zu jedem Palast gehörte mindestens ein Friedhof, auf dem die Herrscher in großen, bienenkorbartigen Gräbern, den *tholoi,* beigesetzt wurden. Ein Grab hatte einen Durchmesser von fast 15 Metern. Im Inneren fand man Gold und andere wertvolle Gegenstände – ein Zeichen für den großen Reichtum der mykenischen Könige und Adligen.

◆ *Das große Löwentor, der Haupteingang des Palastes von Mykene, wurde um 1300 v. Chr. erbaut. Von den Mauern aus konnte man die Angreifer gut bekämpfen. Aber auch die dicken Befestigungen bewahrten Mykene letztlich nicht vor der Zerstörung.*

◆ Diese goldene Totenmaske fand der deutsche Archäologe Heinrich Schliemann 1876 in einem Grab in Mykene. Anfangs glaubte man, sie gehöre zu Agamemnon, heute wissen wir, daß sie 300 Jahre älter ist.

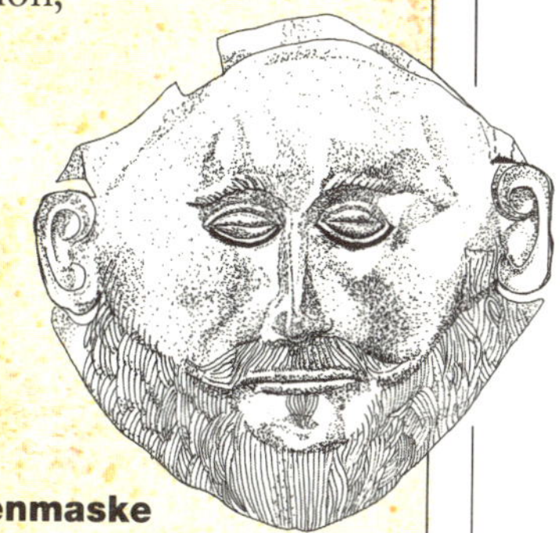

goldene Totenmaske

Außerhalb der Palastmauern lag die Stadt; hier wohnten Handwerker, Händler und Bauern. Auf Terrassen in den Hügeln gediehen Weizen, Gerste, Wein und Oliven. Das Getreide wanderte zum größten Teil in die Kornspeicher des Palastes; Trauben und Oliven preßte man aus, um daraus Wein und Öl herzustellen.

Produkte, die man nicht für die eigene Bevölkerung brauchte, wurden von Händlern nach Süditalien und Sizilien sowie in die östlichen Mittelmeerländer gebracht. Im Tausch erhielten sie Kupfer aus Zypern und Sardinien, Elfenbein aus Syrien, Zinn aus Anatolien sowie Gold und Alabaster aus Ägypten.

Zum Teil stammte der Reichtum Mykenes auch aus Kriegen. In einigen Gräbern fand man Bronzerüstungen, und auf Wandbildern erkennt man Soldaten mit Helm, Speer und Schild.

◆ *Ein wichtiges Zentrum der mykenischen Kultur war Pylos mit dem Palast des Königs Nestor. Wie man an den Überresten erkennt, war er um mehrere Innenhöfe herum gebaut; Fußböden und Wände waren verputzt und verziert.*

Der Trojanische Krieg

Die Sage vom Krieg zwischen Griechen und Trojanern hat ihren Ursprung wahrscheinlich in einem Angriff, den die Mykener Ende des 13. Jahrhunderts v. Chr. gegen Troja unternahmen. Agamemnon, der griechische Feldherr, war mit ziemlicher Sicherheit ein König von Mykene.

Etwa 1250 v. Chr. befestigten die Mykener ihre Paläste noch stärker, um sich gegen Angriffe zu wappnen. Fünfzig Jahre später wurden die meisten Paläste zerstört oder verlassen, aber wer die Angreifer waren, weiß man nicht. Um 1100 v. Chr. war die mykenische Kultur erloschen.

◆ Viele Malereien in mykenischen Palästen zeigen Jagdszenen. Die Adligen (*aristoi*) jagten Wildschweine mit Speer und Schild. Zur Herstellung von Kriegerhelmen wurden die Hauer der Tiere der Länge nach aufgeschnitten und an einer Stoffmütze befestigt; bis ein Helm fertig war, mußte man mehrere Eber erlegen.

◆ Bei den Ausgrabungen in Troja fand man neun übereinandergebaute Städte. Die siebte Anlage stammt etwa aus der Zeit des sagenhaften Trojanischen Krieges und wurde manchen Hinweisen zufolge gewaltsam zerstört.

die Ruinen von Troja in der heutigen Türkei

Dunkle Zeit und Stadtstaaten

1100 – 500 v. Chr.

Über die Zeit nach dem Zusammenbruch der mykenischen Kultur gibt es aus Griechenland keine schriftlichen Zeugnisse. Die nun folgenden 500 Jahre bezeichnet man deshalb als „dunkle Zeit".

Das Festland wurde in dieser Periode von den Dorern und anderen Stämmen besiedelt. Sie sprachen eine Art des Griechischen, hatten aber keine Schriftsprache. Dennoch hielten sie die Erinnerung an die Mykener mit langen, mündlich überlieferten Heldengedichten (Epen) wach.

Aus den Sagen vom Trojanischen Krieg und den mykenischen Helden wurden schließlich die Ilias und die Odyssee, die beiden großen Epen Homers.

Viele der früheren Festlandbewohner wanderten auf die Inseln im Süden und Westen aus, aber auch dorthin kamen die Eindringlinge. Andere zogen nach Osten und ließen sich an der ionischen Küste oder auf den vorgelagerten Inseln nieder. Dort betrieben sie weiterhin Landwirtschaft und den Handel mit ihren Nachbarn.

Aufstieg der Stadtstaaten

In der dunklen Zeit verfielen die mykenischen Städte; sie wurden von den Bewohnern verlassen, aber viele Dörfer überlebten. Um 800 v. Chr. hatten die neuen Siedler weitere Ortschaften gegründet. Diese Dörfer wuchsen heran, und einige schlossen sich zusammen, wodurch sie an Macht und Einfluß gewannen.

So entstanden schließlich die Stadtstaaten, jeder mit einer größeren Stadt (*polis*) und den umgebenden Feldern und Dörfern. Die umliegenden Berge waren ein natürlicher Schutzwall. Außerdem bauten die Griechen hohe Mauern um ihre Städte. An einer erhöhten Stelle in der Mitte errichtete man eine besonders starke Festung, die Akropolis. Sie wurde allmählich zum religiösen Zentrum des Stadtstaates, und ein großer offener Platz, die Agora, war der Mittelpunkt des politischen Lebens.

◆ Die Kriegsschiffe der Athener, Triremen genannt, hatten am Vorderende einen kräftigen hölzernen Rammpfahl. Man ruderte mit Höchstgeschwindigkeit auf ein feindliches Schiff zu und hoffte, der Pfahl werde es leck schlagen und sinken lassen.

◆ *Die spartanischen Soldaten (Hopliten) trugen eine Rüstung mit Schild und Speer. Sie kämpften unerbittlich in einer dichtgedrängten Aufstellung, der Phalanx, bei der sich die Schilde überlappten, so daß jeder Soldat eigentlich seinen Nebenmann schützte.*

Kontakte zwischen den Stadtstaaten waren wegen der gebirgigen Landschaft schwierig. Jeder Staat hatte eigene Gesetze, Währung, Regierung und Armee. Häufig gab es Rivalitäten und auch Kriege, insbesondere zwischen den beiden führenden Mächten Athen und Sparta.

Die beiden Stadtstaaten kämpften zwar zwischen 431 und 404 v. Chr. in den Schlachten von Marathon, bei den Thermopylen und Salamis vereint gegen die Perser, aber im Peloponnesischen Krieg standen sie sich feindlich gegenüber. Schließlich siegte Sparta und übernahm die Vorherrschaft in der Ägäis.

◆ *Das Zentrum jedes Stadtstaates war die Akropolis. Dort errichtete man anfangs nur einfache Tempel, später entstanden umfangreichere Gebäude wie dieses, der Parthenon in Athen.*

◆ Athene, die Schutzgöttin Athens, war Kriegerin und Richterin. Auf dieser Silbermünze zu vier Drachmen ist ihr Attribut dargestellt: die Eule, ein Symbol für die Weisheit.

eine griechische Münze

griechische Buchstaben

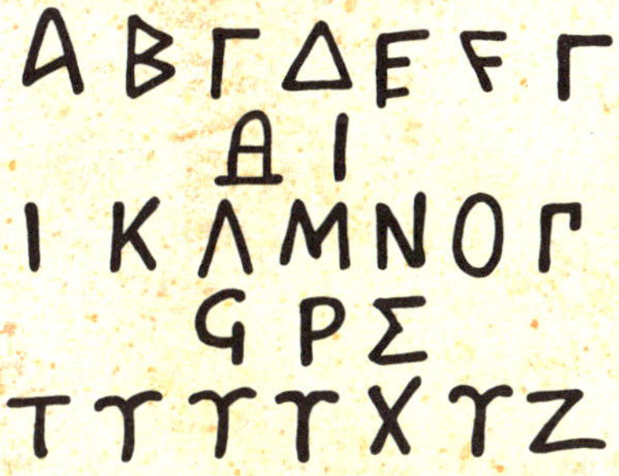

◆ In dieser Zeit entstand das griechische Alphabet. Es basierte auf der phönizischen Schrift und umfaßte Zeichen für Vokale und Konsonanten.

◆ Die Frauen in Sparta wurden streng erzogen, und ihre Söhne gehörten zu den besten Kriegern Griechenlands. Dieses Vasenbild zeigt die andere Seite: Eine spartanische Mutter weint, weil ihr Sohn in den Krieg zieht.

griechische Vasenmalerei

DAS KLASSISCHE GRIECHENLAND

500 – 350 v. CHR.

Etwa 500 v. Chr. hatten sich die Stadtstaaten stabilisiert, und trotz aller Rivalitäten und gelegentlicher Kriege ging es den meisten Menschen sehr gut. Diesen Abschnitt der griechischen Geschichte bezeichnet man oft als „klassische Periode“.

Handwerk, Handel und Landwirtschaft blühten, und dank des so erworbenen Wohlstandes konnten sich auch Bildung, Literatur, Architektur, Mathematik, Wissenschaft und Philosophie stärker entfalten.

Weit weniger angenehm war das Leben der Sklaven. Sie verrichteten schwere und schmutzige Tätigkeiten oder arbeiteten in den Häusern der Reichen, die sich so die Zeit für Politik oder Geschäfte verschafften.

Die wohlhabenden Bürger gaben das Geld für die schönen öffentlichen Gebäude, die in dieser Zeit errichtet wurden, so auch für die Freilufttheater, in denen Musik, Schauspiel und Gedichte vorgetragen wurden. Außerdem besaß jeder Stadtstaat mindestens eine Sportstätte, das *Gymnaseion,* wo man das Ideal der körperlichen Leistungsfähigkeit pflegte. Oft bauten die Stadtstaaten auch Gerichte und Gebäude für Ratsversammlungen, wo staatliche

◆Um Baumaterial zu beschaffen, legten die Griechen große Steinbrüche an. In jedem davon müssen mehrere hundert Menschen gearbeitet haben, denn die Steine wurden von Hand herausgehauen. Große Blöcke vertäute man für den Seetransport zwischen zwei Schiffen.

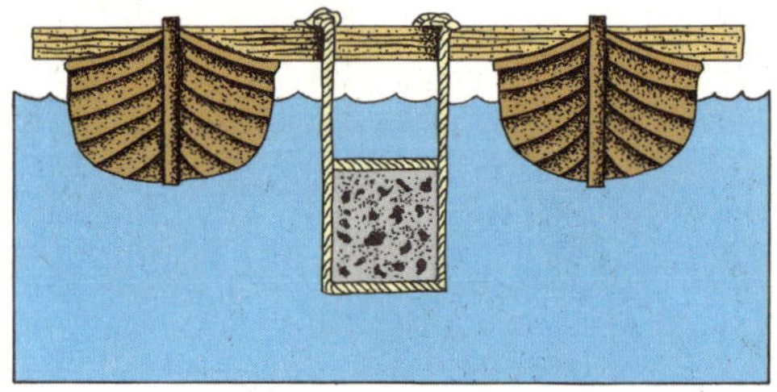

◆Zur Herstellung von Bronzestatuen goß man das geschmolzene Metall in eine Tonform. Wenn es fest geworden war, zerschlug man die Form, um die Statue freizulegen.

korinthisch

ionisch

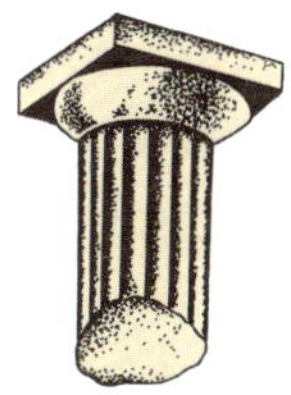
dorisch

Angelegenheiten diskutiert und beschlossen wurden. Darüber hinaus finanzierten die Reichen aber auch die vielen Tempel, die man in dieser Zeit in dem neuen klassischen Stil baute.

◆Die klassischen griechischen Tempel hatten außen eine Reihe von längs gefurchten Säulen, die es in drei Stilarten gab. Innen befand sich das Heiligtum mit einer Statue des Gottes oder der Göttin des Tempels.

Tempel, Götter und Göttinnen

Die wichtigsten Tempel standen jeweils auf der Akropolis im Zentrum des Stadtstaates. Dort gab es nicht nur ein Heiligtum für den Schutzgott oder die Schutzgöttin des Ortes, sondern auch für andere beliebte Gottheiten wie Apollon, Zeus, Poseidon und Artemis. Den Berg Olymp hielt man für den Wohnort der Götter; er galt ebenso wie das Orakel Apollons in Delphi als Nationalheiligtum. In Delphi ließ man sich die Zukunft weissagen.

Die Gebäude bestanden oft aus Marmor und waren mit Reliefs von Göttern und Helden geschmückt. Aus Marmor oder Bronze fertigte man lebensgroße Statuen an, von denen viele bis heute erhalten sind.

Die Athener gewannen das Metall für ihre Münzen in den Silberminen von Laurion. Mit dem Geld bezahlten sie neue Gebäude und regelmäßig stattfindende Feste in der Stadt. Viele Münzen prägte man auch, um die Verteidigung der Stadt und ihres Hafens Piräus zu finanzieren. Für die Armee warb man Söldner an, und zwischen Athen und Piräus baute man außerdem die Langen Mauern, eine Befestigungsanlage, die verhindern sollte, daß die Stadt von ihrem Hafen abgeschnitten wurde.

◆ Zu den Olympischen Spielen der griechischen Antike gehörte unter anderem der Fünfkampf mit Diskuswerfen, Weitsprung, Speerwurf, Ringen und Laufen.

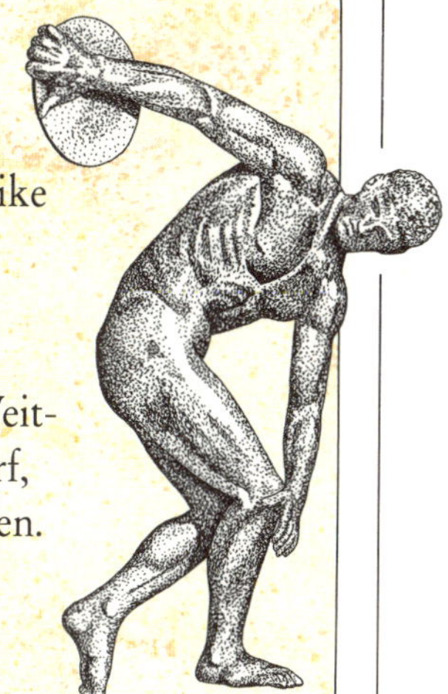
Statue eines Diskuswerfers

◆ In Sparta war das Leben härter als in den anderen Stadtstaaten. Hier hatte es 640 v. Chr. einen Sklavenaufstand gegeben, und aus Angst, er könne sich wiederholen, baute man eine starke Armee auf. Damit nur die Kräftigsten überlebten, setzte man schwächliche Babys auf einem Berg aus, wo sie starben. Jungen wurden mit sieben Jahren der Mutter weggenommen und als Soldaten ausgebildet. Mit 20 Jahren kamen sie in die Armee, und auch als Verheiratete mußten sie in Kasernen essen und schlafen.

◆ Dieser Apparat stand in einem griechischen Tempel. Wenn man oben eine Münze einwarf, floß unten eine festgelegte Menge heiligen Wassers in einen Behälter.

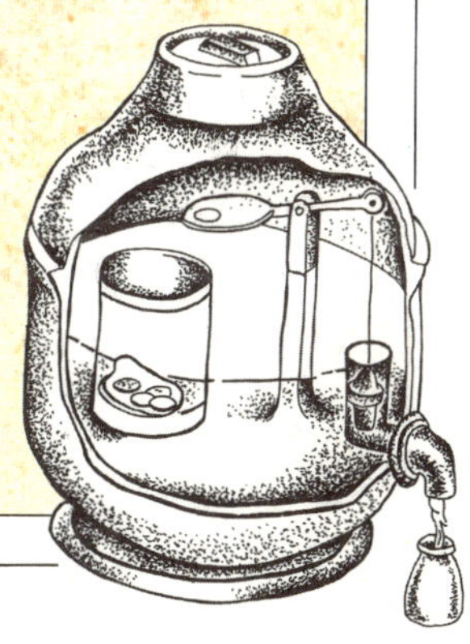
Verkaufsautomat für heiliges Wasser

Die normalen Wohnhäuser waren recht klein und hatten einen Innenhof. Das Wasser kam aus Brunnen, oder man sammelte Regenwasser. Es gab keine richtige Kanalisation, und die ungepflasterten Straßen waren meist staubig oder schlammig – ein guter Nährboden für Krankheiten. Die griechischen Ärzte beschäftigten sich eingehend mit dem menschlichen Körper und behandelten Kranke nicht mit Amuletten oder Opfern, sondern mit Arzneien aus Kräutern und Heilpflanzen. Außerdem führten sie Aufzeichnungen über Heilmethoden und ihre Erfolge.

ENTDECKUNGEN

Ärzte und Gelehrte versuchten durch Beobachtung und Schlußfolgerung herauszufinden, warum und wie Dinge geschehen. Der Arzt Hippokrates erkannte viele Krankheiten, und Mathematiker wie Euklid und Pythagoras entdeckten wichtige Gesetze der Arithmetik und Geometrie.

Als Verfasser des ersten richtigen Geschichtsbuches gilt Herodot mit seinem Werk über die Kriege zwischen Griechen und Persern. Später beschrieb Thukydides den Peloponnesischen Krieg, an dem er als Feldherr teilnahm, und gab damit den ersten genauen Kriegsbericht.

Dramatiker schrieben Komödien und Tragödien, und Philosophen wie Sokrates, Platon und Aristoteles stellten über das Leben und seine Bedeutung viele Betrachtungen an, die heute noch gültig sind.

Im Unterschied zu allen früheren Gesellschaftssystemen konnten in den Stadtstaaten alle männlichen Bürger über die Gesetzgebung mit entscheiden und die Politiker in regelmäßig stattfindenden Wahlen bestimmen. Und wenn politische Unruhen drohten, konnten sie

◆ *Die griechischen Amphitheater waren trotz der harten Steinsitze sehr beliebt. Alle Rollen wurden von Männern gespielt, die sowohl Masken als auch Kostüme trugen.*

einen staatlichen Bediensteten absetzen oder sogar des Landes verweisen.

Damit war die Demokratie geboren, die Herrschaft des Volkes. Frauen und Sklaven hatten zwar kein Stimmrecht, aber sie konnten den politischen Reden auf der Agora, dem Marktplatz, zumindest zuhören.

KOLONIEN

Städte wie Athen und Korinth hatten im 5. Jahrhundert v. Chr. zwischen 50 000 und 100 000 Einwohner. Als Übervölkerung drohte, gründete man in anderen Ländern rund ums Mittelmeer Kolonien, von denen aus die Griechen Handel mit ihren Nachbarn treiben konnten. Unter anderem handelte man mit Luxusgütern aus Griechenland, die man gegen Getreide zur Ernährung der griechischen Bevölkerung eintauschte.

Eine der wichtigsten Handelskolonien im westlichen Mittelmeerraum war Massalia, das heutige Marseille. Von dort aus konnten die Griechen Handel mit den Kelten im Rhônetal treiben – man fand Gegenstände aus Griechenland sogar in den Gräbern wichtiger Personen im weit entfernten Tal der Seine.

◆ *Wenn die Bürger Athens einen Politiker ablehnten, schrieben sie seinen Namen einfach auf kleine Tonscherben, die man* ostraka *nannte.*

◆ *Jungen unterrichtete man im Lesen und Schreiben. Außerdem lernten sie Musik, Dichtkunst und Mathematik. Mädchen dagegen blieben zu Hause und lernten, sich um Haushalt und Familie zu kümmern.*

◆ In Athen stand den Anwälten vor Gericht eine festgelegte Redezeit zur Verfügung, die mit diesem Gerät gemessen wurde. Wenn alles Wasser vom oberen in den unteren Behälter geflossen war, mußte die Rede beendet werden.

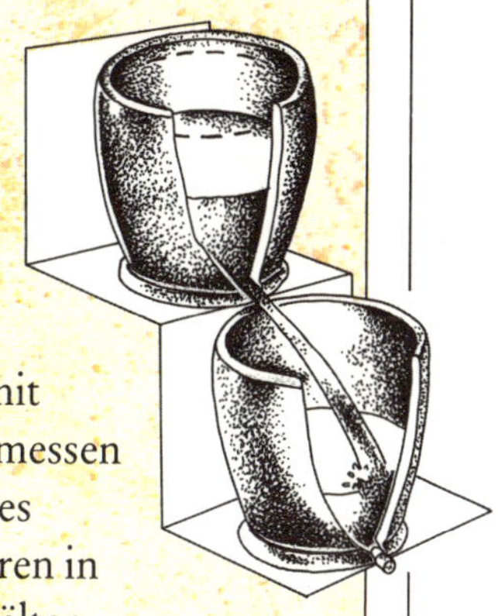

Wasseruhr

Arzt

◆ Als eines der ersten Völker trennten die Griechen Medizin und Religion. Sie erkannten, daß Krankheiten eine körperliche Ursache haben und keine Strafe der Götter sind. Händler verkauften pflanzliche Arzneien, genau wie die heutigen Apotheker.

◆ Auf griechischen Keramikgegenständen sind verschiedene Aspekte der Gesellschaft dargestellt. Vielfach zeigen sie Heldenkämpfe, Ereignisse von den Olympischen Spielen oder Szenen aus Ilias und Odyssee. Hier sieht man jedoch, wie ein Sklave seinem betrunkenen Herrn hilft.

bemalte Keramikschale

ALEXANDER DER GROSSE

359 – 323 v. Chr.

Nach dem Peloponnesischen Krieg war Sparta eine Zeitlang die führende Macht in Griechenland. Im Jahr 371 v. Chr. wurde es von Theben besiegt, aber die thebanische Vorherrschaft dauerte nur bis 359 v. Chr., als der 23jährige Philipp König des nordgriechischen Reiches Makedonien wurde.

Philipp machte seine Armee zur stärksten Streitmacht seiner Zeit und griff mit ihr in die ständigen Kriege zwischen den Stadtstaaten ein. Er verbündete sich erst mit der einen und dann mit der anderen Seite, und schließlich besiegte er sie alle.

Philipp wurde 336 v. Chr. ermordet, und sein 20jähriger Sohn Alexander bestieg den Thron. Nachdem er neue Unabhängigkeitsbestrebungen der Stadtstaaten niedergeschlagen und Theben zerstört hatte, stellte Alexander fest, daß die Staatskasse durch die vielen Kriege leer war. Er entschloß sich, den Traum seines Vaters wahrzumachen und das wohlhabende persische Großreich zu erobern.

Das gelang ihm zwischen 334 und 331 v. Chr., wobei er auch Ägypten seinem Einfluß unterwarf. Bis 325 v. Chr. hatte er den Osten Persiens und das Indus-Tal erreicht, aber dann meuterten seine Truppen; sie zwangen ihn,

◆ *Auf Bucephalus, seinem berühmten Pferd, ritt Alexander an der Spitze seiner Truppen in die Schlacht. Dieses Mosaik aus den Ruinen von Pompeji in Italien zeigt, wie er seine Soldaten bei Issos in die Schlacht gegen die Perser führt.*

◆ *Noch heute erkennt man den griechischen Einfluß an diesen Gebäuden in Petra, das zu Alexanders Reich gehörte.*

sich bis nach Babylon zurückzuziehen, das zur Hauptstadt seines Reiches wurde.

Alexander war aber nicht nur ein grausamer Feldherr. Von seinem 13. bis zu seinem 17. Lebensjahr war er von dem Athener Philosophen Aristoteles unter anderem in Zoologie und Botanik unterrichtet worden. Alexander wußte Gelehrsamkeit zu schätzen und ließ sich auf seinen Feldzügen von Forschern begleiten, die die fremden Länder beschreiben sollten. Vergeblich versuchte er, sein Reich zu vereinigen, unter anderem indem er seine Soldaten aufforderte, persische Frauen zu heiraten. Er selbst ehelichte Roxane, die Tochter eines Adligen aus Baktrien, und nahm die persische Lebensweise an.

Doch seine Soldaten waren damit nicht einverstanden; ehrgeizige Armeeführer brachten nach Alexanders Tod seinen Sohn um und kämpften dann um die Vorherrschaft in dem großen Reich. Damit keiner von ihnen zuviel Macht erlangte, wurde es in drei Staaten aufgeteilt. Im Norden regierten die makedonischen Könige, im Nahen Osten die Seleukiden und in Ägypten die Ptolemäer.

◆ *Auf seinem Feldzug gelangte Alexander mit seiner Armee bis nach Nordwestindien; dort schlug er in der Schlacht von Hydaspes den indischen König Poros.*

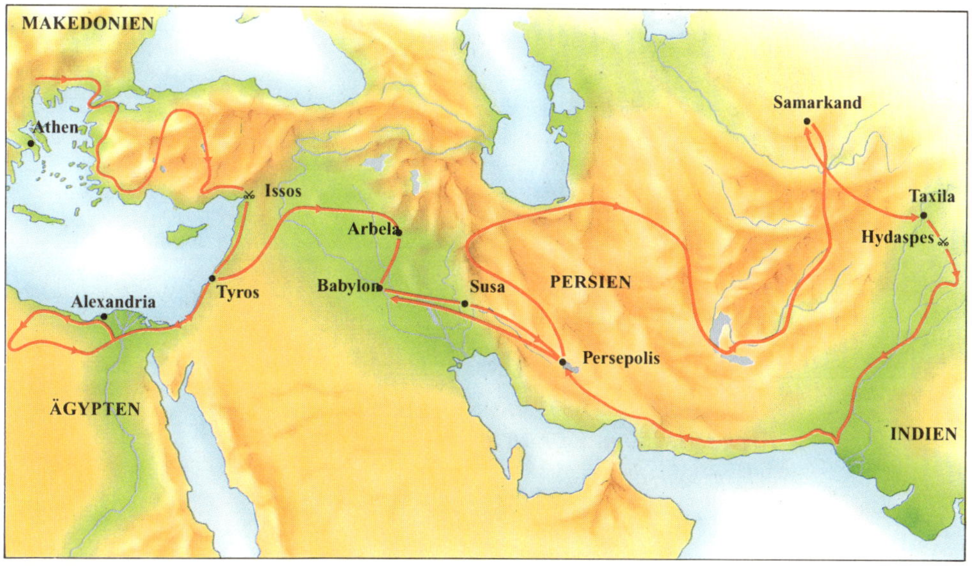

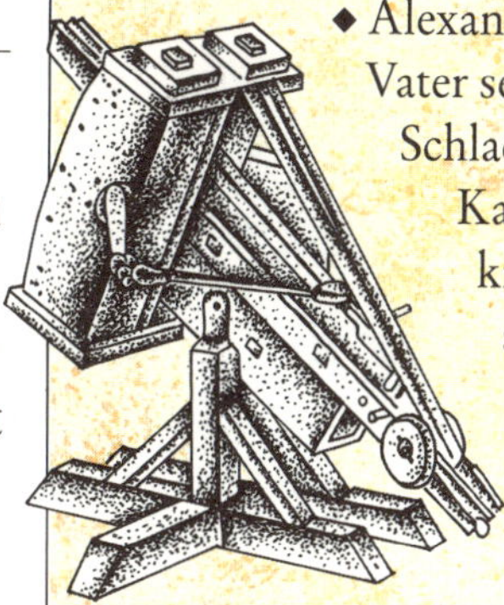

Katapult

◆ Alexander und sein Vater setzten in den Schlachten große Katapulte ein, kräftige Konstruktionen aus Holz mit Federn aus verdrehten Därmen oder Haaren. Die Federn wurden eng aufgewunden, und wenn man sie dann losließ, schleuderte der Apparat Steine aus den Behältern.

makedonische Phalanx

◆ Philipp rüstete seine Fußsoldaten mit fünf Meter langen Lanzen (*sarissae*) aus und stellte sie in einer neuartigen Schlachtordnung (Phalanx) auf. Diese Maßnahmen machten den großen Erfolg seiner Eroberungszüge aus.

◆ Alexander starb mit 32 Jahren in Babylon und wurde im ägyptischen Alexandria eingeäschert. Er soll an Fieber gestorben sein, aber es wird auch vermutet, er sei vergiftet worden.

Goldmünze mit einem Bildnis Alexanders

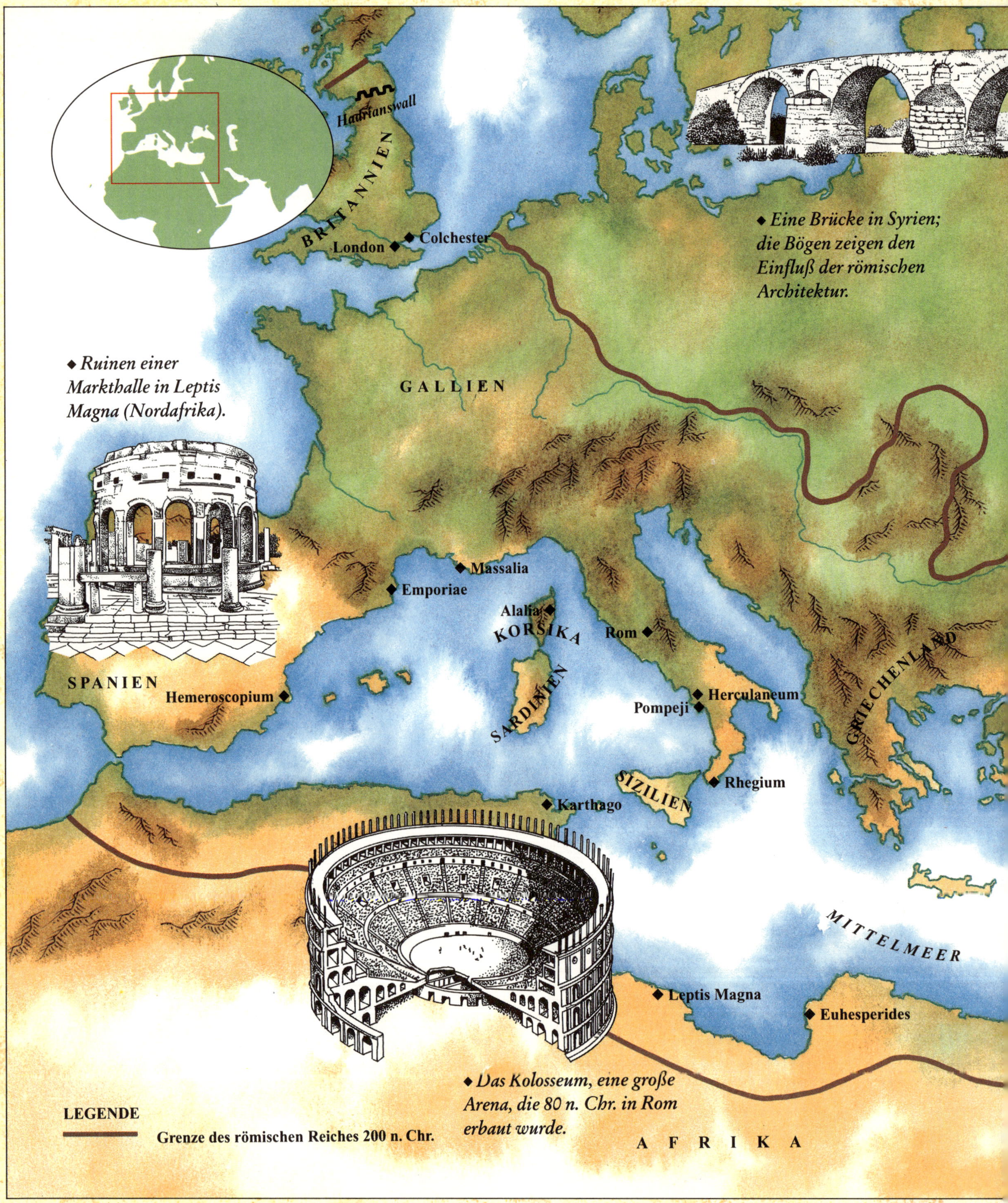

◆ *Eine Brücke in Syrien; die Bögen zeigen den Einfluß der römischen Architektur.*

◆ *Ruinen einer Markthalle in Leptis Magna (Nordafrika).*

◆ *Das Kolosseum, eine große Arena, die 80 n. Chr. in Rom erbaut wurde.*

LEGENDE

Grenze des römischen Reiches 200 n. Chr.

Römische Antike

Etwa um das Jahr 700 v. Chr. lebten im heutigen Italien viele verschiedene Völkerstämme. Zwei der bedeutendsten waren die Etrusker und die Latiner. Sie waren meist Bauern und wohnten in Dörfern und Gehöften. Die Etrusker betätigten sich auch als Händler und bauten kleine und größere Städte.

Rom war ursprünglich eine Ansammlung kleiner Dörfer an den Ufern des Flusses Tiber. Sie wuchsen allmählich zusammen, und ihre Einwohner nannten sich Römer. Als Rom immer mächtiger wurde, wandelte es sich zunächst vom Königreich zur Republik und später zum Kaiserreich.

Dieses Reich erstreckte sich zur Zeit seiner größten Ausdehnung von Kleinasien im Osten bis nach Britannien und Portugal im Westen und umfaßte alle Länder rund ums Mittelmeer. Es hatte etwa 60 Millionen Einwohner, darunter immer mindestens 450 000 Soldaten.

DIE ANFÄNGE ROMS

753 – 510 v. CHR.

◆ *Die Wölfin aus der Sage von Romulus und Remus wurde zum Symbol Roms.*

Auch die Römer führten, wie viele Völker der Antike, den Ursprung ihrer Stadt auf Götter zurück. Nach der Sage wurde sie von den Zwillingen Romulus und Remus gegründet, die von der griechischen Göttin Aphrodite und dem römischen Gott Mars abstammen sollten.

Die Zwillinge waren Enkel des Königs Numitor. Amulius, ein gottloser Großonkel, warf sie kurz nach ihrer Geburt in den Tiber; er hoffte, sie würden ertrinken, aber die Zwillinge wurden an Land getrieben und von einer Wölfin gerettet. Ein Hirte zog sie wie seine Söhne auf, und schließlich kehrten sie zum König Numitor zurück.

Als Erwachsene gründeten sie die Stadt Rom, aber dann stritten sie sich um den Thron. Remus wurde im Kampf von seinem Bruder getötet, und im Jahre 753 v. Chr. wurde Romulus König.

LATINER UND ETRUSKER

In Wirklichkeit entstand Rom wahrscheinlich aus kleinen Bauerndörfern in den Hügeln entlang des Tiber. Etwa seit 750 v. Chr. wuchs es zur Stadt heran. Man legte die Sümpfe am Fluß trocken, legte einen Marktplatz an und baute auf zwei Hügeln Befestigungsmauern.

Rom wurde stark von der älteren Kultur der norditalienischen

◆ *Reiche Etrusker ließen ihre Gräber mit bunten Bildern verzieren, die uns viel vom Alltagsleben zeigen. Hier unterhält ein Flötenspieler die Gäste bei einem Festessen.*

◆ *Die Metallbearbeitung war bei den Etruskern hoch entwickelt: Aus Bronze, Gold und Eisen stellten sie Nützliches und Schönes her, zum Beispiel dieses Geschirr. Die Römer übernahmen oft ihre Entwürfe.*

Etrusker beeinflußt, die ihrerseits vieles von den Griechen und der Stadt Karthago übernommen hatten. Die Bewohner Roms waren anfangs eine Mischung aus Etruskern und Latinern aus dem Gebiet südlich der Stadt. Schließlich nannten sie sich alle Römer. Das Latein, die Sprache der Latiner, setzte sich durch, die der Etrusker verschwand. Es entstanden die ersten Staatsbauten und Tempelanlagen.

Zunächst wurde die Stadt von mehreren Etruskerkönigen beherrscht. Sie trugen die Toga, einen purpurbesetzten Umhang. Das Symbol ihrer Macht waren die *fasces,* Bündel von Stäben mit einer daran befestigten Axt.

Die Könige waren gleichzeitig Priester, hatten aber keine unbeschränkte Macht, und der Thron war nicht erblich. Die Volksversammlung und ein Ältestenrat, der Senat, bestimmten mit darüber, wer König wurde und was er zu tun hatte. Unter anderem mußte der König ein Heer zur Verteidigung Roms aufstellen. So entstand die Armee, mit deren Hilfe das römische Reich später zur Großmacht wurde.

◆ *In der Eisenzeit besiedelten Hirten und Bauern die Hügel, auf denen später die Stadt Rom heranwuchs. Sie lebten in Strohhütten mit hölzernem Gerüst.*

◆ Die *fasces,* ein Bündel aus Holzstäben, symbolisierte das Recht des Königs, einen Übeltäter zu schlagen. Die Axt war das Zeichen für die Macht über Leben und Tod. Auch als Rom eine Republik wurde, blieben die *fasces* Symbole der Macht.

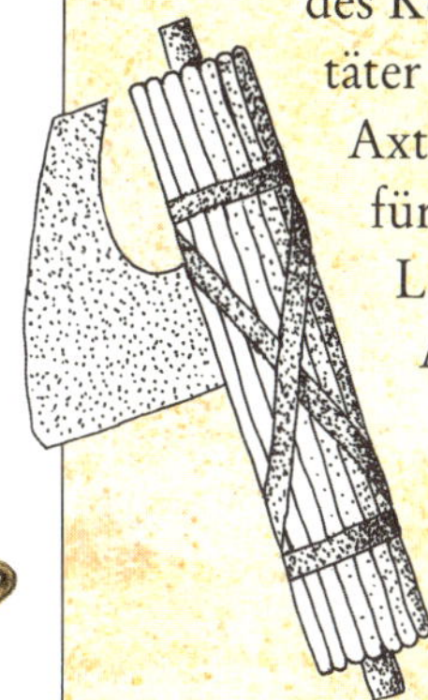

fasces

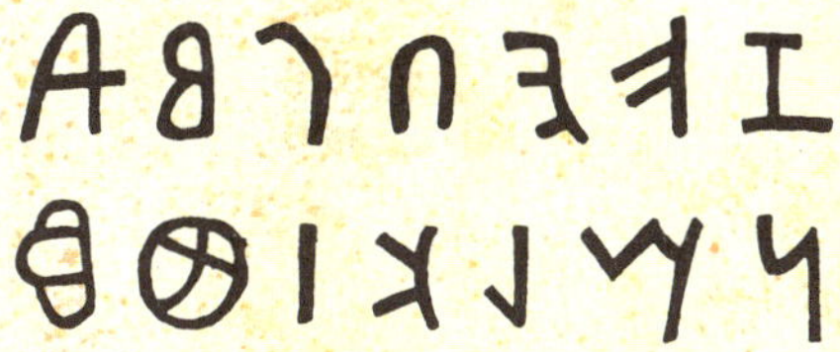

etruskische Buchstaben

◆ Die Sprache der Etrusker starb zwar aus, und die meisten schriftlichen Zeugnisse gingen verloren, doch weiß man zumindest, daß sie ein Alphabet benutzten.

◆ Die Römer hatten oft einen Altar für die Hausgötter, an dem das Familienoberhaupt betete und Opfer wie Früchte und Käse darbrachte.

Hausgott

DER WEG ZUR GROSSMACHT

509 – 27 v. Chr.

Rom hatte sich im 6. Jahrhundert vor Christus zu einer großen Stadt entwickelt, die zunächst von etruskischen Machthabern regiert wurde. Im Jahre 509 v. Chr. vertrieben die Römer den letzten Etruskerkönig und schafften die Alleinherrschaft ab. Rom wurde nun eine von einem Senat regierte Republik.

Anfangs mußte der Senat sich vor allem um die Bedrohung durch die Nachbarvölker kümmern. In der Stadt selbst gab es Streit zwischen Patriziern und Plebejern. Die Patrizier waren reiche Grundbesitzer mit Einfluß in der Regierung, die Plebejer dagegen – Bauern, Arbeiter und Händler – bildeten die Mehrheit, durften aber keine öffentlichen Ämter bekleiden.

Mit seiner großen Berufsarmee weitete Rom seine Macht allmählich aus. Auch die klimatisch begünstigte Landwirtschaft und der leichte Zugang zu Lagerstätten mit Kupfer, Silber, Eisen und Blei trugen zu diesem Erfolg bei.

Den Römern standen reichlich Sklaven zur Verfügung, die in den Bergwerken arbeiteten oder andere schmutzige und gefährliche Tätigkeiten verrichteten.

Die Punischen Kriege

Im Jahr 264 v. Chr. kam es zwischen Rom und Karthago zum Krieg um die Vorherrschaft im Mittelmeerraum. Als dieser Erste Punische Krieg 241 v. Chr. zu Ende war, beherrschte Rom das Meer um Sizilien, Korsika und Sardinien. Der karthagische Feldherr Hannibal wollte Rache nehmen und zog im Zweiten Punischen Krieg 218 v. Chr. nach Rom. Er wurde 201 v. Chr. schließlich besiegt. Im Dritten Punischen Krieg (149 bis 146 v. Chr.) zerstörten die Römer endgültig die Macht Karthagos und eroberten Nordafrika.

Der Sieg über die Kelten

Schon lange vor den Punischen Kriegen gab es Handel zwischen Rom und den Kelten, die von den Römern Gallier

◆ Mit Hilfe der Kelten führte Hannibal sein Heer und seine Kriegselefanten über die Alpen, und 218 v. Chr. griff er Rom von Norden her an.

genannt wurden. Man wußte, daß Gallien ein reiches Land war, und wollte es erobern. Den Kelten gelang es aber, die römische Armee zu schlagen, und um 390 v. Chr. griffen sie ihrerseits Rom an. Danach gab es weitere Zusammenstöße, doch 225 v. Chr. wurden die Kelten in der Schlacht von Telamon endgültig besiegt.

Im Jahr 224 v. Chr. besetzten die Römer das heutige Südostfrankreich, aber dann verhinderte der Zweite Punische Krieg zunächst das weitere Vordringen. Nach 198 v. Chr. gingen die Eroberungen jedoch weiter. Spanien wurde unterworfen, und 121 v. Chr. beherrschte Rom den ganzen Süden Frankreichs.

◆ *Der römische Senat bestand aus älteren Patriziern, die man auch Senatoren nannte. Sie wählten jedes Jahr zwei Konsuln (oben) als Vorsitzende. Die Konsuln verfügten über umfangreiche Befugnisse. Als Julius Cäsar (unten links) sich zum Diktator ernannte, bezeichnete er sich als* primus inter pares, *als „Erster unter Gleichen".*

Julius Cäsar

Julius Cäsar, ein Adliger, wurde 59 v. Chr. zum Konsul gewählt. Er war ein geschickter, ehrgeiziger Feldherr und eroberte schon bald weitere Gebiete, unter anderem das übrige Frankreich. 49 v. Chr. kehrte er nach Rom zurück, und fünf Jahre später ernannte er sich selbst zum Diktator auf Lebenszeit, obwohl Rom noch Republik war. Noch im gleichen Jahr, 44 v. Chr., wurde er ermordet, und Oktavian, sein Neffe und Erbe, wurde Kaiser und nahm den Namen Augustus an.

◆ *Der Adler war das Symbol für Rom und seine Macht. Jede Legion der römischen Armee hatte ein solches Feldzeichen, das in der Schlacht vorangetragen wurde. Als besondere Demütigung galt es, wenn der Feind das Feldzeichen erbeutete.*

◆ Die Römer trieben von frühester Zeit an Handel mit ihren Nachbarn. Sie exportierten Wein in großen Amphoren aus Ton und tauschten dafür andere Waren ein.

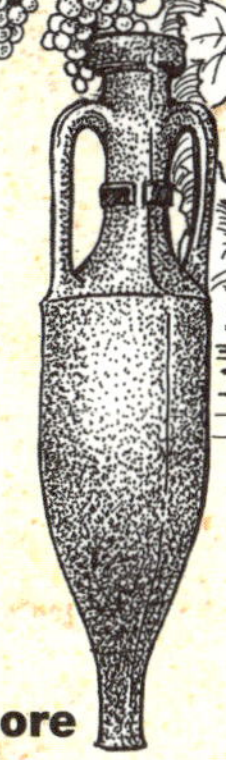

Amphore

Schildkrötenformation

◆ Die römischen Soldaten benutzten manchmal eine Kampfaufstellung namens *testudo* („Schildkröte"): Die Schilde wurden wie ein Schildkrötenpanzer über den Kopf gehalten, so daß die Feinde nur schwer jemanden verwunden oder töten konnten.

◆ Unter der Rüstung trugen römische Soldaten eine dicke Tunika aus Wolle. Als Waffen dienten Schwert, Dolch und Schild.

römischer Fußsoldat

LEBEN IM RÖMISCHEN REICH

27 V. CHR. – 250 N. CHR.

Die Römer brachten ihre Zivilisation in alle Länder, die sie ihrem Reich einverleibten. Dabei versuchten sie aber, die örtliche Lebensweise nicht allzusehr zu stören, denn sie wollten mit den unterworfenen Völkern in Frieden leben. Solange diese Völker die Götter und Gesetze der Römer achteten, durften sie viele eigene Traditionen beibehalten.

Einfacher wurde das Ganze, weil die römische Lebensweise in vielen eroberten Ländern bereits durch die Handelskontakte bekannt war. Manche Völker ließen sich nur allzugern romanisieren und nahmen ohne weiteres an, was das Reich ihnen zu bieten hatte.

Zwischen den größeren Städten bauten die Römer ein Netz gut gepflasterter Straßen. Sie sollten zunächst hauptsächlich militärischen Zwecken dienen und in Krisenzeiten schnelle Truppenbewegungen ermöglichen, aber man reiste auf ihnen auch aus geschäftlichen Gründen oder zum Vergnügen.

◆ *In der Zeit seiner größten Ausdehnung versorgte das römische Reich seine Bürger mit allem Nötigen, einschließlich der Sklaven. Dieses Bild eines Sklaven ist Teil eines Mosaiks in Pompeji.*

NEUE STÄDTE

Entlang der Straßen baute man Militärlager und ständige Armeestützpunkte, und um diese Orte herum entstanden oft Städte. Andere Siedlungen entstanden an Straßenkreuzungen.

◆ *In jeder römischen Stadt gab es öffentliche Thermen, wo man baden oder einfach sitzen und sich unterhalten konnte. In größeren Städten gab es getrennte Bäder für Männer und Frauen, in kleineren badete man zu unterschiedlichen Zeiten.*

◆ *Römische Straßen bestanden aus Schichten von Kies, Schotter, Zement und Pflastersteinen. Die Oberfläche war gewölbt, so daß Regenwasser in den Straßengraben abfließen konnte.*

Die Städte waren genau geplant, mit öffentlichen Gebäuden und freien Plätzen sowie mit Wohnhäusern, Werkstätten, Lebensmittellagern, Wirtshäusern und Restaurants, in denen Familien essen gehen konnten. Nicht alle römischen Häuser besaßen eigene Kochstellen.

Zu den öffentlichen Gebäuden gehörten ein Amphitheater und eine Arena sowie mindestens ein öffentliches Bad, meist mit einer *palaestra,* einem offenen Innenhof, wo man seinen Körper ertüchtigen konnte. Außerdem gab es Verwaltungsgebäude und eine große Halle, die *basilica,* in der Versammlungen abgehalten wurden.

In der *basilica* fanden auch Gerichtsverhandlungen gegen den Staat und zwischen Einzelpersonen statt. Daneben gab es ein weiteres Gebäude, die *curia,* wo der Stadtrat örtliche Gesetze beschloß und die Steuererhebung organisierte. Dem Rat standen zwei Beamte vor, die *duoviri,* die jeweils ein Jahr amtierten und die Stadt regierten.

Um die Mittagszeit, wenn es am heißesten war, machte man keine Geschäfte, sondern legte eine Ruhepause ein. Die Armen gingen danach wieder arbeiten, die Reichen hatten den Rest des Tages frei.

◆ *Eine beliebte Attraktion waren Wagenrennen. Die Wagen waren sehr leicht, und eine der Hauptaufgaben der Wagenlenker bestand darin, das Gleichgewicht zu halten, insbesondere in den Kurven. Unfälle und Zusammenstöße waren unvermeidlich.*

◆ In den Häusern hatte man Fußbodenheizungen: Der Boden ruhte auf Pfeilern, und in dem darunterliegenden Hohlraum zirkulierte heiße Luft aus einem Ofen im Nebenraum; auf diese Weise wurde das Zimmer angenehm warm.

Fußbodenheizung oder Hypokaust

◆ Pompeji in Südwestitalien wurde 79 n. Chr. durch einen Ausbruch des Vesuv zerstört. Die Vulkanasche, die die Stadt unter sich begrub, wurde hart und konservierte alles in dem Zustand zur Zeit des Ausbruchs.

◆ Oktavian war der erste römische Kaiser. Seine 41jährige Amtszeit war im Inneren eine Zeit des Friedens und des Wohlstandes; nach außen dehnte das Reich sich aus. Später nannte man ihn Augustus (den „Erhabenen"), und nach seinem Tod 14 n. Chr. erklärte man ihn zum Gott.

Augustus

Brunnen in Pompeji

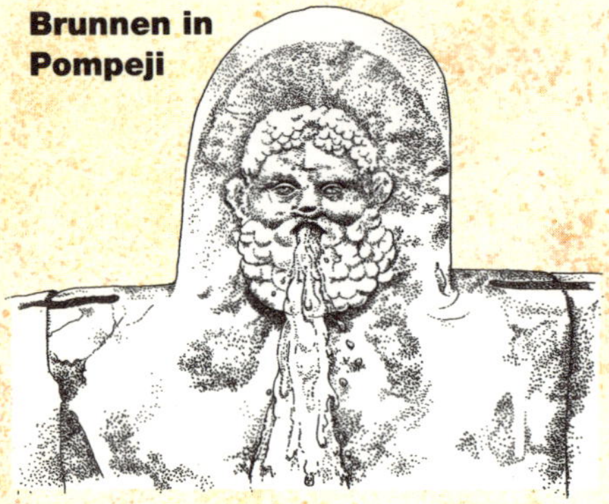

◆ In römischen Städten hatten nur die Reichen fließendes Wasser im Haus, aber es gab viele öffentliche Brunnen. Dieser Wasserspeier ist mit dem Gesicht eines Wassergottes verziert.

öffentliche Toilette

◆ In vielen römischen Städten gab es öffentliche Toiletten. Der Sitz war über einem gemauerten Abflußrohr angebracht, und darunter spülte Wasser die Exkremente weg.

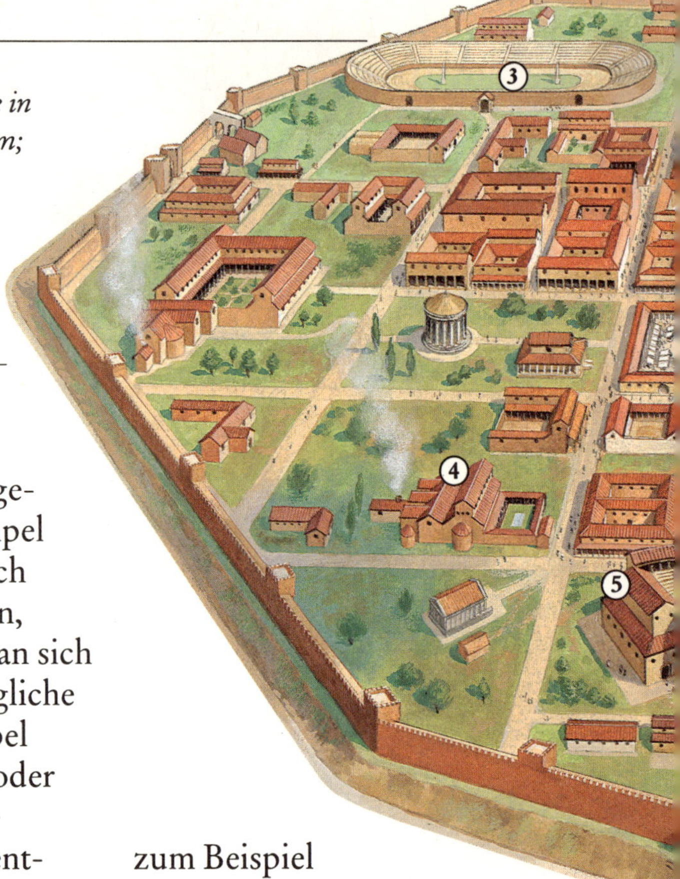

◆ *Wichtige öffentliche Gebäude in einer römischen Stadt: (1) Forum; (2) Tempel; (3) Circus (Arena); (4) Bäder; (5) Theater. Der Verteidigung dienten dicke Stadtmauern mit vier Haupttoren (6).*

DAS FORUM

Die meisten Verwaltungsgebäude und auch viele Tempel einer Stadt gruppierten sich um das *forum*, einen freien, gepflasterten Platz, wo man sich treffen und über alles mögliche reden konnte. Jeder Tempel war einem anderen Gott oder einer Göttin geweiht. Die Römer verehrten im wesentlichen die gleichen Gottheiten wie die Griechen, gaben ihnen aber andere Namen. Die römische Göttin Diana war zum Beispiel identisch mit der griechischen Artemis. Jupiter war der gleiche Gott wie Zeus, und Neptun war der römische Name für Poseidon. Der Tempel galt als Haus der jeweiligen Gottheit, deren Statue dort aufgestellt war. Priester und Priesterinnen hielten Zeremonien ab und brachten Tieropfer dar. Die Gläubigen legten Gelübde ab, um sich die Hilfe der Götter zu sichern.

◆ *Die Hauptstraßen waren von Läden und Wirtshäusern gesäumt. Unter Käufer und Schulkinder mischten sich Leute, die Wasser von den öffentlichen Zapfstellen nach Hause trugen.*

Die Römer glaubten, ihre Kaiser würden nach dem Tod zu Göttern, und deshalb weihte man ihnen ebenfalls Tempel.

Die Kinder konnten in den Städten vom siebten Lebensjahr an zur Schule gehen. Zunächst lernten sie lesen, schreiben und rechnen; vom elften Lebensjahr an beschäftigten sie sich dann mit Geschichte, Geometrie und Literatur.

Die Schulen befanden sich meist in Privathäusern, und die Eltern mußten für ihre Kinder Schulgeld zahlen. Zur Schule gingen mehr Jungen als Mädchen, aber wie man aus Briefen auf Wachstäfelchen weiß, konnten auch einige Frauen lesen und schreiben.

Leben im Luxus

Die reichen Römer führten ein luxuriöses Leben. Sie wohnten in den Städten in eigenen, großen, gut möblierten Häusern und hatten viele Sklaven, die ihnen die Arbeit abnahmen. Viele wohlhabende Bürger besaßen außerdem ein Landhaus oder Grundbesitz, wohin sie sich zur Erholung zurückziehen konnten.

Reiche Frauen benutzten Parfüm und Make-up, und ihre Kleidung war aus Seide oder feinem Leinen. Vermutlich bestimmten sie über die Ausschmückung der Häuser.

Aber nicht jeder war gern römischer Untertan. Viele Menschen wollten unabhängig bleiben und nach eigenen Gesetzen leben. Immer wieder kam es zu Aufständen, so in Spanien, Gallien, Britannien und Judäa. Jedesmal wurde der Widerstand von den Römern niedergeworfen, oft mit vielen Todesopfern auf beiden Seiten. Im Jahr 61 n. Chr. zum Beispiel, beim größten Aufstand der Briten gegen die Römer, kamen 60 000 Menschen ums Leben, und die römischen Städte Colchester und London wurden verwüstet.

◆ *Wenn die Wasserversorgung in einer römischen Stadt nicht ausreichte, leiteten Ingenieure mit Röhren und Kanälen größere Mengen aus dem Umland heran. Dazu baute man Aquädukte, große Brücken, in denen die Leitungen ein Tal überquerten.*

Der Niedergang Roms

250 – 500 n. Chr.

Der Niedergang des römischen Reiches begann im 3. Jahrhundert n. Chr. Nachdem mehrere Kaiser ermordet oder von der Armee abgesetzt worden waren, schwand die Macht der Zentralregierung. Es gab Angriffe auf die Außengrenzen, so daß man zur Finanzierung der Verteidigung erdrückend hohe Steuern erheben mußte.

Kaiser Diokletian meinte 286 n. Chr., das Reich sei zu groß für einen einzigen Herrscher: Er setzte einen Mitkaiser ein, der die westliche Hälfte der Reiches beherrschte, während er selbst den Osten behielt. Er ordnete die Armee neu, und mit einem neuen Steuersystem versuchte er, das Militär zu finanzieren.

Diokletian unterteilte auch die Provinzen, um sie leichter regierbar zu machen. Leute, die nicht an die göttliche Macht des Kaisers glaubten und leugneten, daß er nach seinem Tod zum Gott werde, ließ er verfolgen. Solche Menschen betrachtete er als Gefahr für das Reich.

◆ *Da die Römer sich von außen bedroht fühlten, bauten sie um ihre Städte immer stärkere Befestigungen. Jede Stadt war von einer dicken Mauer umgeben, und man konnte sie nur durch ein Stadttor betreten.*

◆ *Diokletian schwebte zur Verwaltung des Riesenreiches eine* Tetrarchie *(Viererherrschaft) vor. Jedem Mitkaiser stand ein Statthalter zur Seite.*

KONSTANTIN

Konstantin der Große regierte von 306 bis 337 n. Chr. und machte in dieser Zeit viele Maßnahmen Diokletians rückgängig. Nachdem er eine wichtige Schlacht gewonnen hatte, wurde er Christ und unterstützte die Ausbreitung der neuen Religion. Er vereinigte das Reich wieder, machte Byzanz im Osten zur Hauptstadt und nannte sie Konstantinopel. Sie wurde bald ebenso groß wie Rom.

Die Westhälfte des Reiches verlor im 5. Jahrhundert an Macht und wurde teilweise von Völkern überrannt, die die Römer „Barbaren“ nannten. Sie gründeten eigene Königreiche, und 410 n. Chr. eroberten und plünderten die Westgoten unter Alarich Rom.

Kurz darauf brach das weströmische Reich endgültig zusammen; der östliche Teil blieb unter dem Namen Byzantinisches Reich noch lange erhalten.

◆ *Der Hadrianswall, der sich quer durch Nordengland zieht, war die Nordgrenze des Römerreiches. Er wurde von 122 bis 126 n. Chr. zur Abwehr der nördlich wohnenden Pikten gebaut.*

◆ Das Alphabet, das heute in vielen Teilen der Welt benutzt wird, ging aus der Schrift der Römer hervor. Deshalb kann man römische Inschriften leicht entziffern. Auf dieser Marke steht: „Halte mich, wenn ich fliehe, und bring mich zu meinem Herrn Viventius auf dem Gut des Callistus.“

Sklavenmarke aus Bronze

römisches Haus

◆ Römische Häuser bestanden meist aus Natur- oder Backsteinen und waren mit Ziegeln gedeckt. In Großstädten gab es auch enge Mietshäuser mit bis zu drei Stockwerken.

◆ Kaiser Konstantin wurde 306 n. Chr. von seiner Armee zum Kaiser ausgerufen. Bis 330 hatte er den Regierungssitz nach Byzanz verlegt und die Stadt in Konstantinopel umgetauft.

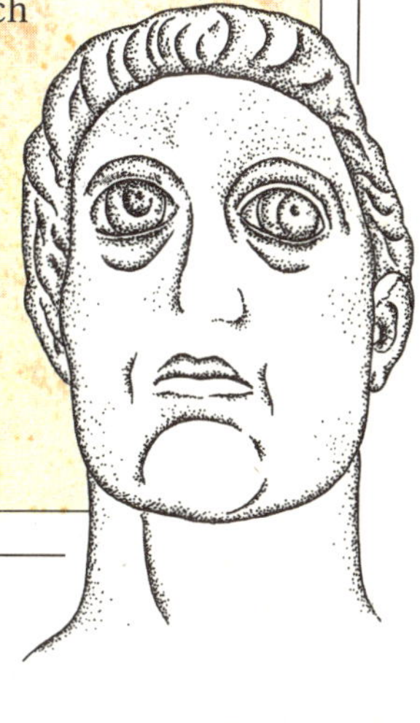

Kaiserporträt

MAKEDONIEN
SCHWARZES MEER
Phönizische Glasflasche
Konstantinopel
KAPPADOKIEN
Sardis
Königsstraße
LYDIEN
ARMENIEN
Antiochia
ASSYRIEN
Assur
ZYPERN
SYRIEN
phönizische Eroberungen
MITTELMEER
Byblos
Sidon
MESOPOTAMIEN
MEDER
Tyros
PALÄSTINA
Ekbatana
Ktesiphon
Jerusalem
Babylon
Susa
Tigris
Nil
Euphrat
ÄGYPTEN
Ur
Die gewaltigen Gräber für die Perserkönige wurden nördlich von Persepolis in den Felsen gehauen.
ROTES MEER
Persischer Golf
LEGENDE
Phönizier
Partherreich
Israel und Juda
Sassanidenreich
Perserreich
Alexanders Invasion

DER VORDERE ORIENT

Im Nahen Osten ist es im Sommer heiß und im Winter kalt. In manchen Gegenden regnet es kaum oder gar nicht. An vielen Stellen konnte man zwar Getreide, Oliven und Wein anbauen, aber nicht alle Menschen lebten von der Landwirtschaft. In der Halbwüste hielten Nomadenfamilien Kamel- und Schafherden. Die Städte zogen Handwerker und Kaufleute an. Die Händler standen in Verbindung mit allen Teilen der damals bekannten Welt und unternahmen lange Reisen zu Wasser und zu Lande, um zum Beispiel Seide und andere Luxusgüter aus China zu importieren.

Die geographischen Verhältnisse begünstigten im Bereich zwischen der syrischen Wüste und dem Mittelmeer die Entstehung kleiner Länder und Stadtstaaten. Weiter östlich dagegen entwickelten sich Großreiche. Das erste war das Perserreich, das Alexander der Große später zusammen mit dem ganzen Vorderen Orient eroberte. Nach seinem Tod übernahmen dort die Seleukiden die Macht.

DIE KULTUR DER PHÖNIZIER

2750 – 146 v. Chr.

◆ *Eine Priesterin aus der phönizischen Stadt Karthago. Nach der Sage wurde Karthago von Dido gegründet, der Tochter des Königs von Tyros.*

Die Kultur der Phönizier entwickelte sich im dritten Jahrtausend v. Chr. im östlichen Mittelmeerraum; es war die Gegend, in der heute Syrien, der Libanon und Israel liegen. Bis etwa 1200 v. Chr. bewohnten die Phönizier das Land Kanaan, und ihre Sprache war sowohl mit dem Babylonischen als auch mit dem Hebräischen verwandt. Ursprünglich nannten sie sich Kanaaniter, aber seit etwa 1200 v. Chr. hießen sie Phönizier nach dem griechischen Wort *phoinos* (rot), weil sie einen roten Farbstoff exportierten.

Die Phönizier bauten Wein, Oliven und Getreide an und hielten Schafe und Rinder, aber es gab nicht genug fruchtbares Land für alle. Deshalb verdienten sich viele von ihnen den Lebensunterhalt durch Handel und Seefahrt; ihre robusten Schiffe bauten sie aus Zedern- und Kiefernholz.

Jede phönizische Stadt war ein unabhängiger Staat; manchmal gab es Bündnisse. Die drei wichtigsten Städte – Tyros, Sidon und Byblos – zogen geschickte Handwerker, Schiffsbauer und Kaufleute an.

Luxusgüter

Die Phönizier waren geschickte Elfenbeinschnitzer und Glasbläser. Als erstes Volk stellten sie in großem Umfang durchsichtiges Glas her. Außerdem erzeugten sie den kostbaren Purpurfarbstoff; Stoffe, die damit gefärbt waren, schätzten die Griechen und Römer sehr.

Die Erzeugnisse wurden in andere Länder verkauft. In den phönizischen Häfen wechselten Waren aus allen damals bekannten Teilen der Erde den Besitzer: fein gearbeitete Waffen und Schmuckstücke ebenso wie Wein aus Rom und Seide aus China.

◆ *Die Phönizier waren hervorragende Elfenbeinschnitzer. Das Material bezogen sie aus Ägypten: Elefantenstoßzähne, die man auf dem Nil nach Norden transportiert hatte.*

Handelsniederlassungen

Als Reichtum und Macht der Phönizier wuchsen, gründeten sie Handelsniederlassungen auf den Inseln Zypern, Kreta, Malta, Sizilien, Sardinien, Korsika und den Balearen sowie an den Festlandküsten des Mittelmeers, zum Beispiel in Tanger und Karthago (in Nordafrika) und in Cadiz (Südspanien). Von dort aus trieben sie Handel mit weit entfernten Gegenden, so mit Britannien und Westafrika, aber auch mit Ägypten, Rom und Griechenland.

Karthago

Nach der Sage entstand Karthago, als Dido, die Tochter des Königs von Tyros, in Nordafrika landete und einen örtlichen Herrscher um Land bat. Er sagte, er wolle ihr soviel geben, wie sie mit einem Ochsenfell bedecken könne. Daraufhin schnitt sie das Fell in Streifen und kennzeichnete damit eine große Fläche. Dort wurde Karthago erbaut, das im 3. Jahrhundert v. Chr. mit Rom um die Vorherrschaft im Mittelmeer stritt. Die Folge waren die Punischen Kriege – der Name weist auf das lateinische Wort für die Phönizier hin.

Nach über hundert Jahren der Feindseligkeiten wurde Karthago 146 v. Chr. von den Römern zerstört, und der Niedergang der phönizischen Kultur begann.

◆ *Auf Cerne, einer Insel vor der Küste des heutigen Senegal, trieben die Karthager Handel mit Afrikanern. Diese Insel hatte man gewählt, weil sie neutrales Gebiet war. Die beiden Völker hatten unterschiedliche Sprachen und mußten sich deshalb mit Zeichen und Gesten verständigen.*

◆ Der Purpurfarbstoff, für den die Phönizier berühmt waren, war das Produkt einer Drüse der im Meer lebenden Purpurschnecke. Die Gewinnung des Farbstoffes war mit Gestank verbunden – angeblich roch es deshalb in der ganzen Stadt Tyros nach Knoblauch.

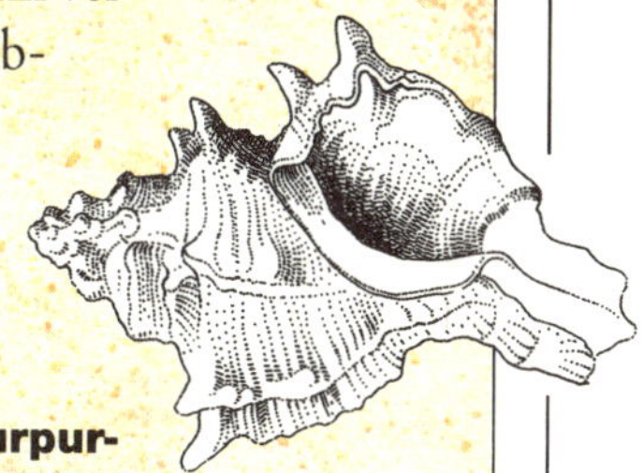

Purpurschnecke

◆ Als eines der ersten Völker benutzten die Phönizier nicht Bildzeichen oder Hieroglyphen, sondern ein Alphabet; seine 30 Buchstaben waren ausschließlich Konsonanten.

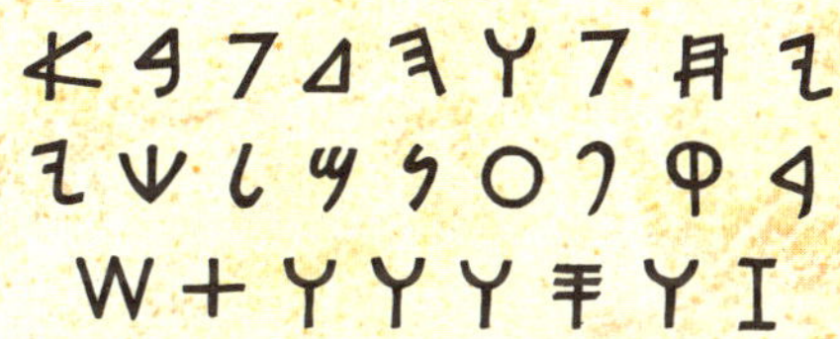

phönizische Buchstaben

◆ Die Phönizier knüpften enge Verbindungen zu den Israeliten. Als Salomon in Jerusalem den ersten Tempel baute, lieferte der König von Tyros ihm Handwerker und das Holz der Libanonzedern.

Libanonzeder

DIE HEBRÄER UND DAS LAND ISRAEL

2000 – 683 v. CHR.

Die Hebräer wanderten aus dem Süden Mesopotamiens ein und ließen sich um 2000 v. Chr. in Palästina nieder. Ihr Name leitet sich ab von der altgriechischen Form des hebräischen Wortes für „Volk von der anderen Seite“ (des Euphrat). Vieles über ihre Geschichte wissen wir aus der Bibel. Dort wird im Ersten Buch Mose (Genesis) Abraham als Stammvater angegeben.

ABRAHAM UND JAKOB

Nach dem Bericht der Bibel war Abraham ein Hirte aus Ur, der sich mit seiner Familie in Kanaan ansiedelte. Sein Enkel Jakob hatte zwölf Söhne, von denen die zwölf hebräischen Stämme abstammen sollen. Jakob war auch unter dem Namen Israel bekannt, und nach ihm nannte man die Hebräer später Israeliten.

Als in Kanaan eine schwere Hungersnot herrschte, ging Jakob mit seiner Familie nach Ägypten. Dort machte man seine Nachkommen später zu Sklaven, und sie mußten schweres Leid erdulden. Einmal wurden auf Befehl des ägyptischen Pharaos alle männlichen Nachkommen der Israeliten ermordet.

Ein Junge entging dem Gemetzel: Mose. Er wurde später ein Religionsführer und führte sein Volk von Ägypten zurück nach Kanaan. Diese Wanderung dauerte viele Jahre. Die Bibel beschreibt, wie Mose in dieser Zeit auf dem Berg Sinai Gebote von Gott entgegennahm. Weiterhin wird dort berichtet, Mose sei östlich des Jordan gestorben, bevor die Israeliten Kanaan erreichten.

◆ *Eine der Arbeiten, die die hebräischen Sklaven in Ägypten ausführen mußten, war die Ziegelherstellung. Die Ziegel bestanden aus Lehm, Ton und gehacktem Stroh, die von Hand gemischt wurden.*

◆ *Der Tempel in Jerusalem war ein Ziel von Pilgerreisen und Ort der Anbetung Jahwes. Er war reich verziert und stand in einer befestigten Einfriedung. Priester leiteten die Gebete, die von Musik begleitet waren. Auch Tieropfer brachte man hier dar.*

Als das Volk dort ankam, mußte es mit den Philistern kämpfen, die sich dort ebenfalls niedergelassen hatten, bevor es sich wieder ansiedeln konnte. Das neu gegründete Land erhielt nun den Namen Israel.

DIE KÖNIGE ISRAELS

Der Krieg gegen die Philister ging weiter, aber etwa ab 1020 v. Chr. blühte Israel unter den Königen Saul und David auf.

In Davids Amtszeit wurde Israel zu einer wichtigen Macht. Die Philister wurden endgültig besiegt; David vereinigte die zwölf Stämme Israel zu einer Nation und machte Jerusalem zur prächtigen Hauptstadt.

Der nächste König war Salomo. Er legte ein Rechtssystem fest und knüpfte Handelsbeziehungen zu anderen Ländern. Außerdem baute er in Jerusalem den ersten Tempel für die Anhänger des Gottes Jahwe.

Salomo führte hohe Steuern und Zwangsarbeit ein. Viele Untertanen wehrten sich dagegen, und nach seinem Tod wurde das Reich geteilt: im Norden Israel, im Süden Juda mit der Hauptstadt Jerusalem. Die Assyrer besetzten Israel 722 v. Chr. und Juda 683 v. Chr.; seine Bewohner bezeichnete man jetzt als Juden.

Die ersten fünf Bücher der Bibel, in der die Ereignisse beschreiben werden, heißen auch Thora; sie sollen von Mose verfaßt worden sein. Möglicherweise wurden sie aber auch mündlich überliefert und erst zu Salomos Zeit oder noch später niedergeschrieben. Heute ist die Thora die Grundlage der jüdischen Religion.

◆ Salomo war für seine Weisheit bekannt. Um das von seinem Vater ererbte Reich besser verwalten zu können, teilte er es in zwölf Provinzen mit eigenen Statthaltern. Außerdem unterhielt er gute Beziehungen zu den Nachbarstaaten, was Israel Frieden und Wohlstand brachte.

Salomo

Bundeslade

◆ Die Zehn Gebote, die Mose erhalten hatte, bewahrte man im Tempel von Jerusalem in der Bundeslade auf.

Die Philister hatten sich nach ihrer Vertreibung aus Ägypten in Kanaan angesiedelt. Sie setzten sich gegen die ebenfalls aus Ägypten zurückkehrenden Israeliten heftig zur Wehr. Nach ihnen heißt die Gegend Kanaans, wo sie lebten, Palästina.

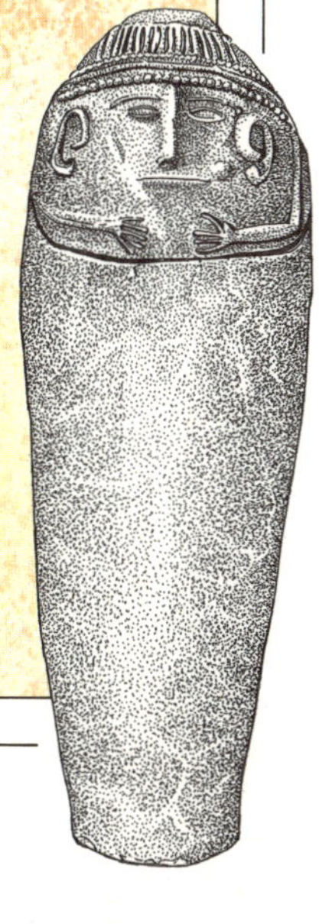

Graburne der Philister

DAS PERSISCHE GROSSREICH

551 – 330 v. CHR.

Persien ist der alte Name für das Land, das heute Iran heißt. Er geht auf die Perser zurück, die dort um 1300 v. Chr. zusammen mit den Medern von Osten her einwanderten.

Anfangs hatten die Meder mehr Macht, aber 551 v. Chr. lehnte Kyros, der Herrscher der persischen Provinz Anshan, sich gegen sie auf und siegte. Er machte Ekbatana zur Hauptstadt und baute ein immer größeres Reich auf. Seine Armee bestand aus Reitern und Bogenschützen, und als er 530 v. Chr. starb, reichte sein Land vom Mittelmeer bis nach Afghanistan und vom Arabischen Meer bis zum Kaspischen Meer und zum Aralsee. Unter der Führung von Dareios I., der 521 v. Chr. an die Macht kam, gab es einen erfolglosen Versuch, Griechenland zu erobern; immerhin umfaßte das Perserreich aber Ägypten und das Indus-Tal.

◆ *Dareios I. bei der Löwenjagd mit dem Kampfwagen. Über ihm wacht der Gott Ahura Masda.*

DAREIOS DER GROSSE

Dareios trug den offiziellen Titel Schah-in-Schah („König der Könige"). Er war ein guter Feldherr und versuchte, den Wohlstand seines Landes zu mehren. Zum Königssitz machte er Persepolis, und Susa war das Verwaltungszentrum.

◆ *Aus allen Teilen des Reiches kamen Besucher mit Geschenken und Tributen für den König nach Persepolis.*

◆ *Aus den heute noch erhaltenen Reliefs auf den Palaststufen weiß man, daß in Persepolis unter anderem Lebensmittel, Tiere, Stoffe, Gold und Edelsteine als Tribut gezahlt wurden.*

Er teilte das Land in 20 Provinzen auf, die von *Satrapen* beherrscht wurden und durch gute Straßen miteinander verbunden waren. Die wichtigste war die Königsstraße von Susa nach Sardes. Zur Bezahlung der Verkehrswege erhob er von seinen vielen Untertanen hohe Steuern und Tribute.

Sehr wichtig war die Landwirtschaft: Mit neu angelegten Bewässerungssystemen konnte man mehr ernten und den Wohlstand des Reiches steigern.

Manchmal wird das Perserreich nach einer seiner Dynastien auch als Achaimenidenreich bezeichnet. Es erlosch 330 v. Chr., als Alexander der Große den König Dareios III. besiegte und sein Land eroberte.

◆ *Viele Soldaten bewachten den König und die großen Tributlager im Palast.*

◆ Mithras war der persische Gott des Lichtes, der Wahrheit und des Rechts. Nach der Sage erlegte er einen magischen Stier, und alle Tiere und Pflanzen entsprangen seinem Blut. Auch römische Soldaten beteten ihn an.

Mithras

◆ Der persische Prophet Zarathustra gründete im 6. Jahrhundert v. Chr. den Zoroastrismus. Nach seiner Lehre kämpft Ahura Masda, der höchste Gott, gegen das Böse. In abgelegenen Teilen des Iran und Indiens gibt es diese Religion noch heute.

◆ Dieser silberne Trinkbecher aus dem 5. Jahrhundert v. Chr. zeigt den Greif, ein Fabelwesen der persischen Mythologie.

silberner Trinkbecher

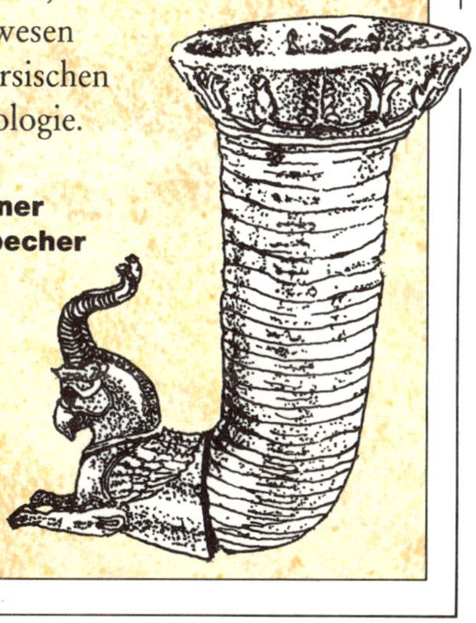

Die Parther und die Sassaniden

250 v. Chr. – 350 n. Chr.

Die Parther waren ein Nomadenvolk vom Osten des Kaspischen Meeres. Sie wanderten nach Persien ein und lebten zunächst unter der Herrschaft der Perser, später dann unter Alexander dem Großen. Ab 323 v. Chr. wurden sie von den Seleukiden beherrscht, bis der Statthalter der Parther etwa 250 v. Chr. ein unabhängiges Königreich mit der neuen Hauptstadt Ktesiphon ausrief. In der Armee gab es reitende Bogenschützen und Soldaten mit schwerer Rüstung. Auch die Pferde schützte man mit Kettenpanzern. Die Reitertruppen spielten als Training eine frühe Form des Polo mit bis zu 100 Spielern je Mannschaft. Der letzte Partherkönig wurde 224 n. Chr. von Ardaschir ermordet, der anschließend die Dynastie der Sassaniden begründete.

◆ *Die Reitersoldaten der Parther besiegten ihre Feinde oft durch ein Täuschungsmanöver: Sie ritten weg, als wollten sie sich zurückziehen, und wenn der Feind sie verfolgte, drehten sie sich geschickt im Sattel um und schossen die Pfeile nach hinten ab.*

Die Sassaniden

Das Sassanidenreich erstreckte sich zur Zeit seiner größten Ausdehnung von Syrien bis nach Indien. Kunst und Architektur folgten dem persischen Vorbild, und der Zoroastrismus wurde zur Staatsreligion.

Die Sassaniden waren wie die Parther stark auf Landwirtschaft, Kamele und Schafe angewiesen; weiteren Wohlstand brachte der Handel. Wertvolle Kunstwerke wurden bis nach China exportiert – dort fand man über 1200 sassanidische Münzen.

Parther und Sassaniden bekämpften das römische Reich. Der Sassanidenkönig Schapur I. nahm 260 n. Chr. den römischen Kaiser Valerian gefangen. Dann eroberte er Armenien und drang in die römischen Provinzen Syrien und Kappadokien ein. Nachdem er 273 n. Chr. gestorben war, herrschte zwischen den beiden Reichen längere Zeit Frieden.

◆ *Dromedare und Kamele wurden etwa 2000 v. Chr. domestiziert. Da sie auch auf kargen Weiden am Rand der Wüsten leben und schwere Lasten tragen konnten, benutzte man sie für die Transporte auf der Seidenstraße.*

◆ *Schapur I. zwang den römischen Kaiser Valerian, sich zu unterwerfen. Danach soll er befohlen haben, Valerians Körper abzuhäuten, auszustopfen und zur Schau zu stellen.*

Feuertempel

◆ Im ganzen Sassanidenreich fand man Überreste zoroastrischer Feuertempel. Man baute sie als Wohnungen für Atar Gushnasp, das heilige Feuer der Krieger.

Schapurs Palast

◆ Schapur I. war wahrscheinlich der mächtigste Sassanidenherrscher. Er machte Ktesiphon am Ostufer des Tigris zur Hauptstadt und ließ sich dort einen gewaltigen Palast bauen.

◆ Die überaus geschickten Handwerker der Sassaniden stellte schöne Gegenstände aus Edelmetallen, Schmucksteinen und Glas her. Vielfach waren sie mit Reliefdarstellungen von Menschen, Tieren und Pflanzen verziert.

Die Herrscher in Palästina und Judäa

597 v. Chr. – 73 n. Chr.

Der Babylonierkönig Nebukadnezar eroberte im Jahr 597 v. Chr. Jerusalem. Er zerstörte den von Salomo erbauten Tempel und ließ viele Juden von Palästina nach Babylon in die Sklaverei verschleppen. Dort beteten die Juden weiterhin Jahwe als einzigen Gott an, bauten Synagogen für die Gebete und befolgten die traditionellen Verhaltensregeln ihrer Religion.

Als Babylon zu einem Teil des Perserreiches wurde, erlaubte der Perserkönig Kyros einer Gruppe von Juden, nach Jerusalem zurückzukehren. Sie kamen dort 538 v. Chr. an und bauten den Tempel wieder auf. Palästina gehörte zwar zum persischen Reich, aber die Juden genossen ein erhebliches Maß an Selbständigkeit und konnten nach Glauben und Gesetzen des Judentums leben.

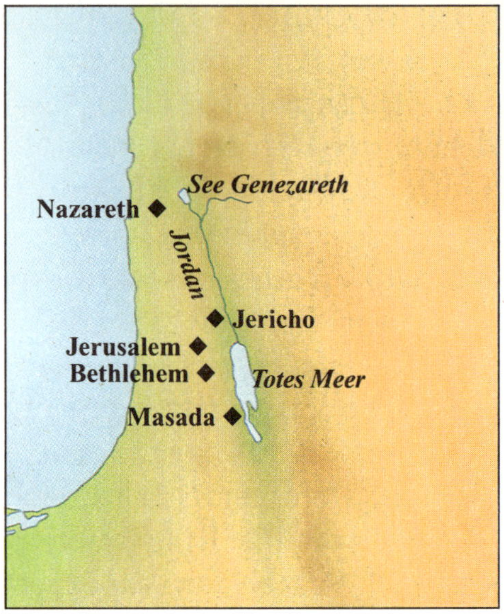

◆ *Wichtige Gebiete und Städte in Palästina während der römischen Besatzung.*

Die Herrschaft der Seleukiden

Später gehörte Palästina für kurze Zeit zum Reich Alexanders des Großen, und nach seinem Tod fiel es an die Seleukiden. Diese, so fürchteten die Juden, würden ihre Traditionen zerstören.

Im Jahr 167 v. Chr. gab es unter Führung von Judas Makkabäus einen Aufstand gegen den Seleukidenkönig Antiochos IV., der das Judentum verbieten und seinen Anhängern die griechische Religion aufzwingen wollte. Die Revolte setzte sich bis 141 v. Chr. fort. Dann befreiten die Juden Jerusalem, und Judäa (zuvor Juda genannt) wurde unabhängig.

◆ *Masada ist ein steiler Felsen nahe dem Westufer des Toten Meeres. Während des Aufstandes gegen die Römerherrschaft wurden die Juden hier fast zwei Jahre lang belagert.*

Römische Herrschaft

63 v. Chr. wurde Judäa von den Römern erobert und gehörte nun zum römischen Reich. Die neuen Herrscher setzten 37 v. Chr. Herodes als König ein, doch obwohl er Jude war, mochte das Volk ihn nicht. Viele Juden wanderten aus und ließen sich in anderen Teilen des römischen Reiches oder sogar im Westen Indiens nieder.

◆ *Der Tempel von Jerusalem wurde Ende des 6. Jahrhunderts v. Chr. wieder aufgebaut. Die jüdischen Herrscher (Makkabäer) setzten ihn später wieder instand, und dann wurde er von König Herodes erweitert. Man legte einen großen Vorplatz an und umgab den Tempel mit dicken Mauern. Herodes hoffte, dies werde dazu beitragen, daß die Juden sich der römischen Herrschaft beugten.*

Im Jahr 26 v. Chr. wurde Pontius Pilatus zum römischen Statthalter von Judäa ernannt. Er stritt sich oft mit den Juden, und 34 n. Chr. setzten ihn die Römer schließlich ab. Für die Juden blieben die Verhältnisse jedoch schwierig, und 66 n. Chr. lehnten sie sich gegen Rom auf. Zunächst vertrieben sie die Römer aus Jerusalem, doch 70 n. Chr. eroberte Titus mit seinem Heer die Stadt zurück.

Dabei wurde Jerusalem zerstört, und der Tempel brannte fast völlig aus. Der Aufstand dauerte noch weitere vier Jahre; er endete erst 73 n. Chr., als die letzten jüdischen Streitkräfte in der Felsenfestung von Masada einen Massenselbstmord begingen, weil sie sich nicht ergeben wollten. Danach gingen die Juden ins Exil und verteilten sich über ganz Europa und Nordafrika.

Römer plündern den Tempel

◆ Die Römer zerstörten den Tempel 70 n. Chr., als die Juden sich gegen ihre Herrschaft auflehnten. Im 4. Jahrhundert n. Chr. versuchte man, ihn wieder aufzubauen, aber dann gab man ihn endgültig auf.

◆ Den siebenarmigen Leuchter, der unter anderem die sieben Tage der Schöpfung symbolisiert, nennt man auch Menora. Als die Römer den Tempel von Jerusalem zerstörten, nahmen sie einen solchen Leuchter mit. Siebenarmige Leuchter werden noch heute bei jüdischen Festen aufgestellt.

◆ Der Davidstern, auch Davidschild genannt, ist das Symbol des jüdischen Glaubens. Das Symbol ist rund 3000 Jahre alt, aber der Begriff Davidschild stammt aus dem 3. Jahrhundert v. Chr. Der Stern ist heute auf der Fahne Israels zu sehen.

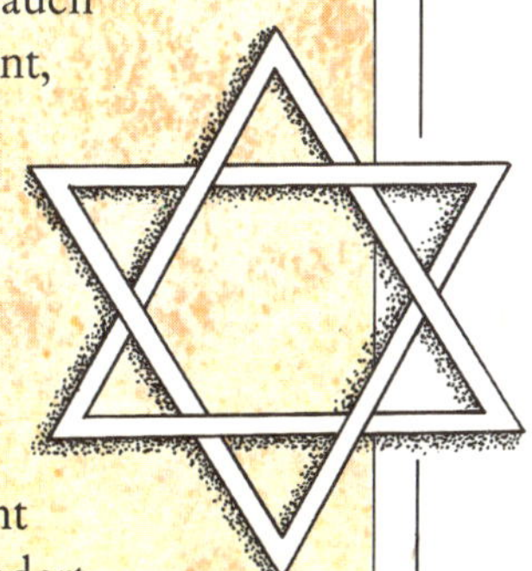

Davidstern

Die Ausbreitung des Christentums

5 v. Chr. – 350 n. Chr.

Jesus wurde etwa 5 v. Chr. in Bethlehem in der römischen Provinz Judäa geboren und wuchs in Nazareth auf. Die Juden glaubten schon seit langem daran, daß ein Messias („Erlöser") kommen und sie in die Freiheit führen werde. Als Jesus zu predigen begann, waren seine Anhänger sicher, daß er der Messias und Sohn Gottes sei.

◆ *Jesus wuchs in der Kleinstadt Nazareth auf und arbeitete dort vermutlich als Zimmermann. Mit etwa 32 Jahren begann er zu predigen und zu heilen. Die Geschichte seines Lebens und seiner Lehre steht im Neuen Testament der Bibel.*

Jesus sprach über das zukünftige Gottesreich und erklärte seinen Anhängern, wie sie sich würdig erweisen könnten, daran teilzuhaben. Er kritisierte die Religionsführer in Judäa und erklärte sich selbst zum Erlöser.

Viele Juden glaubten ihm, aber andere warfen ihm Gotteslästerung vor. Sie forderten, man solle ihn wegen dieses Verbrechens vor den römischen Statthalter Pontius Pilatus bringen.

Zu jener Zeit herrschte in Judäa Unruhe, weil das Volk wieder einmal mit der römischen Herrschaft unzufrieden war. Die Römer waren besorgt und betrachteten die vielen Anhänger Jesu als Bedrohung für ihre Macht. Deshalb ließen sie Jesus festnehmen und hinrichten.

Drei Tage später verbreitete sich die Nachricht, Jesus sei von den Toten auferstanden und das gleiche stehe allen bevor, die an ihn glaubten. Der Glaube an die Auferstehung wurde zur Grundlage einer neuen Religion, des Christentums (von griechisch *christos* = der Gesalbte).

◆ *Die ersten Christen beteten im verborgenen, weil sie Verfolgungen fürchteten. In Rom kamen sie in den Katakomben unter der Stadt zusammen, wo in den Nischen enger Gänge die Toten beigesetzt waren.*

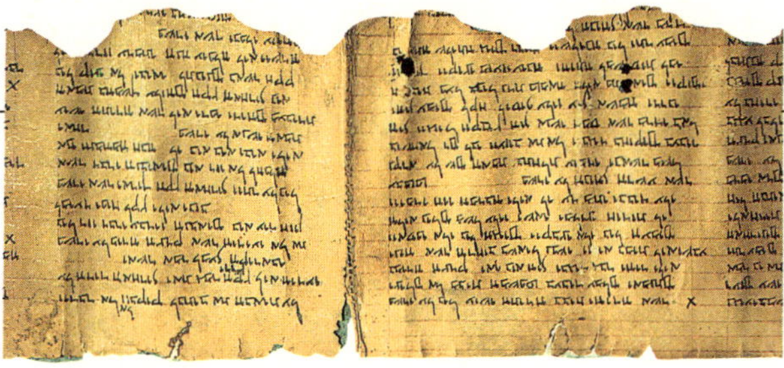

Die Qumran-Schriftrollen
Im Jahre 1947 entdeckte man in den Höhlen von Qumran, einer Ruinenstätte in der Nähe des Toten Meeres, alte Schriftrollen, die vermutlich einer jüdischen Gemeinde gehört hatten. Insgesamt fand man etwa 500 Papyrus- und Lederrollen aus der Zeit von 250 v. Chr. bis 70 n. Chr. Sie enthalten Texte aus fast allen Büchern des Alten Testaments sowie zahlreiche Gebete und Psalmen. Man erfährt daraus viel über das Leben in einer jüdischen Gemeinde zur Zeit Jesu.

Die Anhänger Jesu verbreiteten seine Lehre an allen Orten, an die sie kamen. Bedeutende Missionare waren Petrus, der Kirchen in Palästina gründete, und Paulus, der drei Missionsreisen über Judäa hinaus unternahm und das Christentum zu den Heiden, das heißt den Nichtjuden, brachte.

Die Urchristen

Bis zum 3. Jahrhundert n. Chr. war das Christentum in fast alle Teile des römischen Reiches eingedrungen. Die Staatsmacht betrachtete die Christen als Aufwiegler, denn diese glaubten nicht daran, daß der Kaiser nach seinem Tod zu einem Gott wurde. Ab 250 n. Chr. wurden sie in großem Umfang verfolgt. Viele wurden in der Arena zur öffentlichen Belustigung getötet. Deshalb beteten die Christen oft nur im verborgenen, bis Kaiser Konstantin ihre Religion 313 n. Chr. anerkannte, nachdem er selbst bekehrt worden war. Im Jahr 325 v. Chr. organisierte er das erste allgemeine Kirchenkonzil, um im ganzen römischen Reich eine einheitliche Lehre durchzusetzen.

Die ungehinderte Ausbreitung des Christentums begann 392 n. Chr., als es schließlich zur offiziellen Religion des Römerreiches wurde.

◆ Solange das Christentum verboten war, gaben die Christen einander oft mit dem Zeichen des Fisches zu erkennen. Sie zeichneten es mit einem Finger in den Staub und verwischten es dann schnell wieder.

◆ Mönchtum ist eine Form des religiösen Lebens, bei dem die Menschen sich entschließen, sich vom Alltagsleben zurückzuziehen und sich ganz dem Gebet zu widmen. Christliche Mönche gibt es seit 271 n. Chr., als der heilige Antonius von Theben in Ägypten in die Wüste ging, um ein frommes Leben zu führen. Andere Eremiten fanden sich im 4. Jahrhundert in Wüstenklöstern zusammen.

Kreuz

◆ Dieses Zeichen ist eines der Symbole des Christentums. Es besteht aus den griechischen Buchstaben Chi und Rho, mit denen der Name Christus anfängt. Man fand das Zeichen, das auch heute noch gebraucht wird, auf vielen Gegenständen im ganzen römischen Reich.

Chi-Rho-Zeichen

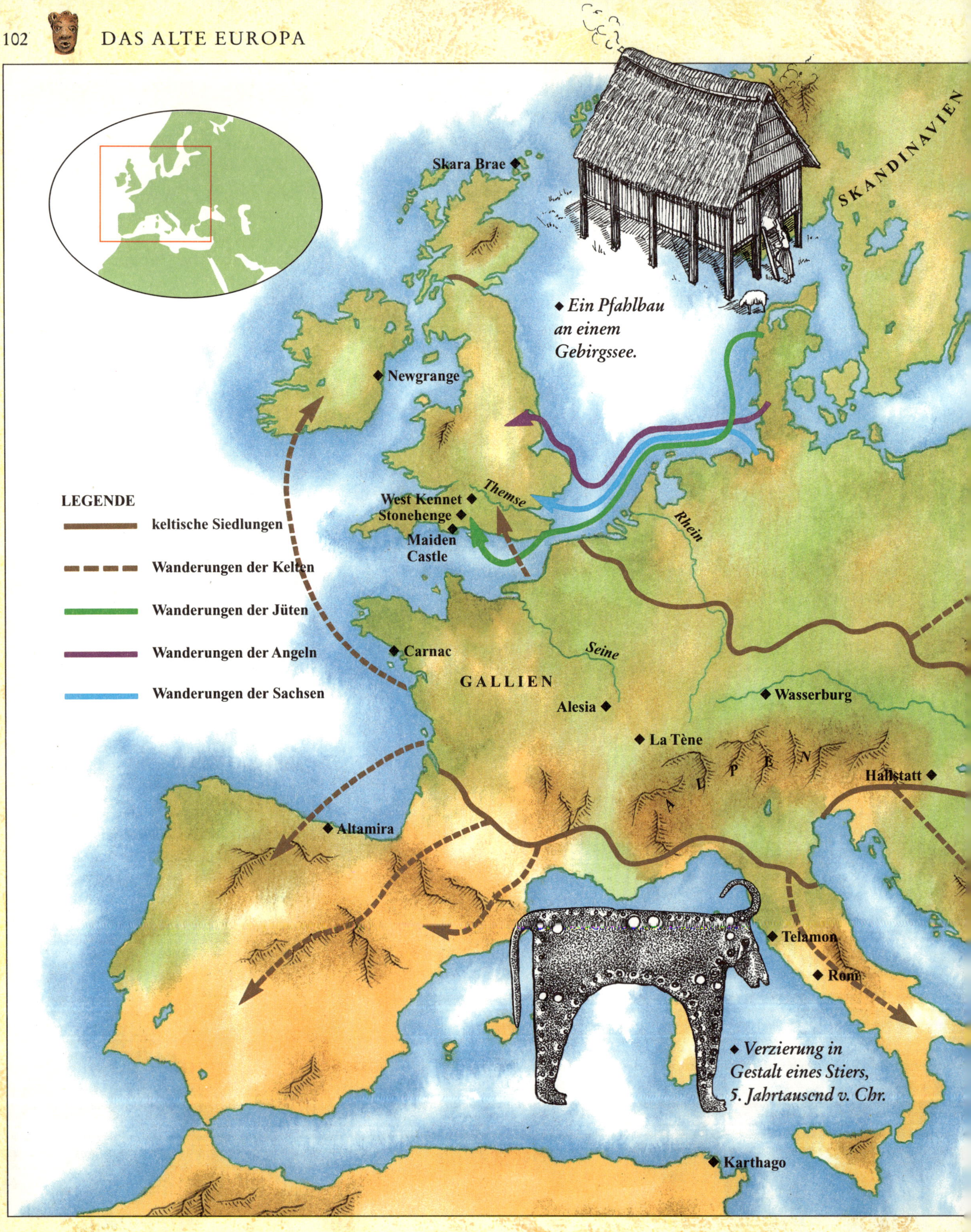

Skara Brae
SKANDINAVIEN
◆ Ein Pfahlbau an einem Gebirgssee.
Newgrange
LEGENDE
keltische Siedlungen
Wanderungen der Kelten
Wanderungen der Jüten
Wanderungen der Angeln
Wanderungen der Sachsen
West Kennet
Stonehenge
Maiden Castle
Themse
Rhein
Carnac
GALLIEN
Seine
Alesia
Wasserburg
La Tène
A L P E N
Hallstatt
Altamira
Telamon
Rom
◆ Verzierung in Gestalt eines Stiers, 5. Jahrtausend v. Chr.
Karthago

Befestigung aus der späten Hallstattzeit, gefunden in Polen.

Das alte Europa

Ungefähr 13 000 v. Chr. begann das Eis zu schmelzen, das Europa zuvor etwa 20 000 Jahre lang bedeckt hatte. Allmählich kehrten Menschen, Tiere und Pflanzen wieder in Gegenden wie die Alpen und Skandinavien zurück, aber auch nach Britannien, das bis 6500 v. Chr. durch eine Landbrücke mit Europa verbunden war. Die meisten Bewohner waren Nomaden: Sie sammelten die Nahrung und bauten Behausungen aus Ästen und Tierfellen. Als das Klima sich erwärmte, entstanden seßhafte Bauerngemeinschaften.

Die Menschen brachen Steine zur Werkzeugherstellung und handelten auch damit. Seit dem 5. Jahrtausend v. Chr. wurde auf dem Balkan Kupfer abgebaut, und man lernte, Metalle zu bearbeiten.

Aus Spanien kam der Kupferbergbau um 3500 v. Chr. nach Frankreich, und 2300 v. Chr. stellten Schmiede fast überall in Europa aus Kupfer und Zinn Bronze her. Um 1200 v. Chr. hatte Bronze den Stein bei den Werkzeugen verdrängt, und 500 Jahre später trat das Eisen an ihre Stelle.

Die europäische Megalithkultur

4500 – 1500 v. Chr.

Von Südosten her verbreitete sich in Nordeuropa die Landwirtschaft, aber die kleinen Siedlungen waren nicht immer von Dauer und hinterließen deshalb kaum Spuren: ein paar zerbrochene Tongefäße, wenige Steinwerkzeuge und Waffen sowie ein paar Tierknochen. Von Holzhäusern gibt es kaum Überreste, außer an einigen Stellen in den Alpen, wo der steigende Wasserspiegel zur Erhaltung des Holzes der am Ufer gebauten Häuser führte.

Weit mehr Reste blieben von Skara Brae auf den schottischen Orkney-Inseln. Dort gab es kaum Bäume, so daß man die Häuser ganz aus Stein bauen mußte. Sie waren zum Schutz vor der Kälte zum Teil unterirdisch angelegt und durch enge Gänge verbunden. Sechs Häuser aus der Zeit um 3100 v. Chr. wurden um 2450 v. Chr. durch einen heftigen Sturm völlig unter Sand begraben. Ein weiterer Sturm legte sie erst 1850 n. Chr. wieder frei.

◆ Bei Carnac in Nordwestfrankreich erstrecken sich Megalith-Alleen über mehrere Kilometer. Mit ziemlicher Sicherheit hatten die Steine religiöse Bedeutung.

◆ In Skara Brae sammelte man Treibholz zum Feuermachen, doch Möbel und Werkzeuge waren aus Stein.

Megalithmonumente

In Westeuropa sowie auf Malta und Gozo finden sich einige bedeutende Megalithmonumente aus jener Zeit. Megalith heißt „großer Stein".

Bei den Monumenten handelt es sich um gewaltige Gräber, Steinringe und -straßen sowie um einzeln stehende Steine, die man auch Menhire nennt. Manche Gräber, zum Beispiel die von West Kennet in Wiltshire (England), wurden viele Jahrhunderte lang zu Begräbnissen und vermutlich auch zu Totenzeremonien benutzt. Rätselhafter sind die Steinringe, Straßen und Menhire. Viele von ihnen sind nach dem Stand der Sonne, des Mondes oder des Sterns Sirius zu verschiedenen Jahreszeiten ausgerichtet, insbesondere zur Sommer- und

◆ *Stonehenge in der Ebene von Salisbury (England) ist so angelegt, daß es im Mittsommer den Sonnenaufgang und im Mittwinter den Mondaufgang anzeigt. Von den Steinen wurden einige aus Wales herantransportiert.*

Wintersonnwende. Sie könnten also als riesige Freiluftkalender gedient haben. Die Sonne war vermutlich für die Religion jener Zeit von großer Bedeutung, denn sie ermöglichte es den Bauern, die Jahreszeiten zu bestimmen.

Viele Megalithmonumente sind älter als die ägyptischen Pyramiden. Da ihre Erbauer aber keine Schriftsprache hatten, sagt uns nur die Archäologie, wie sie errichtet wurden.

Manche Monumente wurden aus Steinen der jeweiligen Gegend gebaut, aber auch sie mußte man brechen, in die richtige Form bringen und aufrecht hinstellen, und das alles mit einfachen Stein-, Knochen- und Holzwerkzeugen. Andere Steine transportierte man über große Entfernungen, vermutlich mit Schlitten, Rollen und Seilen. Dazu brauchte man viele Arbeitskräfte – ein Hinweis, daß die Gesellschaft jener Zeit sehr gut organisiert war. Über ihre Herrscher wissen wir nichts.

◆ Die Bewohner von Skara Brae dürften in ihrer Freizeit gespielt haben. Archäologen fanden dort zwei aus Knochen geschnitzte Würfel.

Knochenwürfel aus Skara Brae

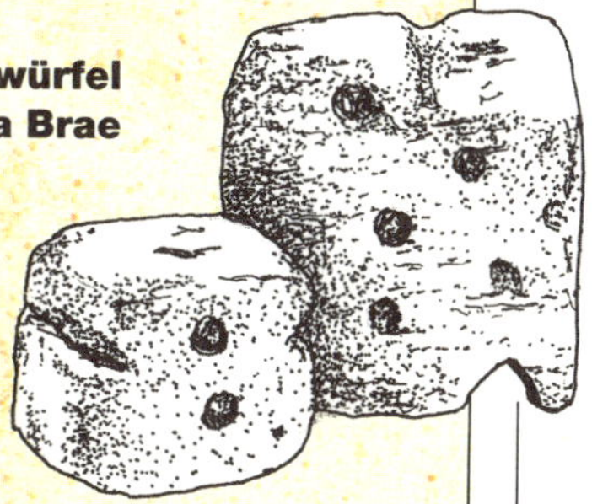

◆ Etwa seit 4500 v. Chr. bauten die bäuerlichen Gemeinschaften in Europa Gräber aus massiven Steinen. Den Verstorbenen legte man in eine Kammer im Inneren des Grabes.

Megalithgrab in Portugal

◆ Bei Newgrange in Irland ist der Eingang zu einem Megalithgrab mit einem großen Stein gekennzeichnet, in den ein spiral- und karoförmiges Muster gemeißelt wurde.

Stein aus einem Grab in Newgrange (Irland)

DIE BRONZEZEIT IN EUROPA

2300 – 700 V. CHR.

Die Bronzezeit begann in Europa um 2300 v. Chr. – zu jener Zeit baute man noch Megalithmonumente. Anfangs stellte man nur wenige Werkzeuge und Waffen aus Bronze her. Bis 1200 v. Chr. hatte das neue Metall aber den Flintstein auch bei Gegenständen des täglichen Bedarfs völlig verdrängt. Kupfer und Zinn, aus denen man Bronze herstellt, kamen nicht überall in Europa vor, und deshalb handelte man mit Bronzegegenständen über große Entfernungen. Man hat Äxte aus Britannien in der Schweiz und Schwerter aus Ungarn in Dänemark gefunden.

BAUERN

Mit den neuen Bronzewerkzeugen konnte man große Teile der Wälder roden, die Europa zu jener Zeit bedeckten, so daß sich die Landwirtschaft ausweitete. Es gab mehr Nahrung, und die Bevölkerung wuchs.

◆ *Aus Bronze stellte man Luxusgüter wie diesen Zeremonienhelm her; er ist mit Email verziert und wurde im 1. Jahrhundert v. Chr. gefertigt.*

◆ *Da man noch keinen Sprengstoff kannte, war der Bergbau ausschließlich Handarbeit. Manchmal ließ man nahe an der Gesteinsoberfläche ein Feuer brennen, und dann goß man kaltes Wasser auf den Fels, so daß er Spalten bekam und leichter zu brechen war. Man zerkleinerte das Gestein und gewann daraus das Kupfererz, das dann herausgewaschen und in Öfen ausgeschmolzen wurde.*

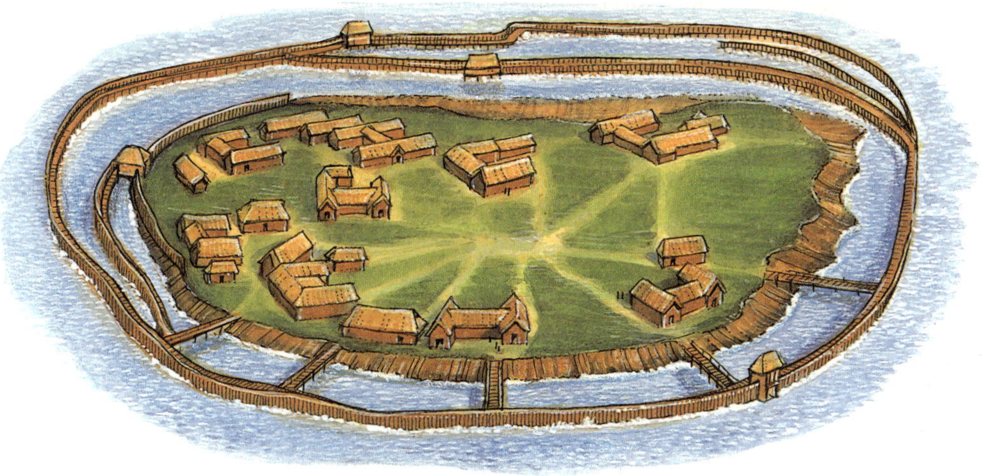

◆ *Die Stadt Wasserburg wurde im 12. Jahrhundert v. Chr. auf einer Insel im Federsee (Oberschwaben) errichtet. Sie war von einem hölzernen Palisadenzaun umgeben. Die Bewohner hielten Schafe, Schweine, Ziegen, Rinder, Pferde und Hunde.*

Im Nordwesten Europas wohnten die Menschen weiterhin in Gehöften und kleinen Dörfern, aber in den Alpen sowie in Mittel- und Osteuropa entstanden größere Siedlungen; die Bewohner waren Bauern, aber manche Siedlungen waren von Zäunen und Palisaden umgeben – offenbar fühlte man sich von außen bedroht. Seit 1250 v. Chr. stellte man Schwerter und Helme aus Bronze her.

In Skandinavien entstand eine auf Handel gegründete Gesellschaft, denn dort wurden weder Zinn noch Kupfer abgebaut. Im Tausch gegen die Bronzegeräte, mit denen sie ihr Land bearbeiteten, exportierten die Bewohner Bernstein sowie vermutlich auch Pelze und Sklaven. Vielleicht gelangten auch Rinder und Milchprodukte von Skandinavien nach Mitteleuropa.

Im 8. Jahrhundert v. Chr. brach diese Gesellschaft der Bronzezeit jedoch zusammen. Das Klima war schlechter geworden, und die Handelswege hatten sich verändert, weil das Eisen die Bronze als Material für Werkzeuge und Waffen verdrängt hatte.

◆ *Die aus Skandinavien stammende Lure war eine lange Trompete, die zwölf bis 14 verschiedene Töne hervorbrachte.*

◆ Bronze konnte man in Formen gießen und zurechthämmern; so entstanden verzierte Äxte, aber auch glatte Werkzeuge für den täglichen Gebrauch.

verzierte Axt aus dem 7. Jahrhundert v. Chr.

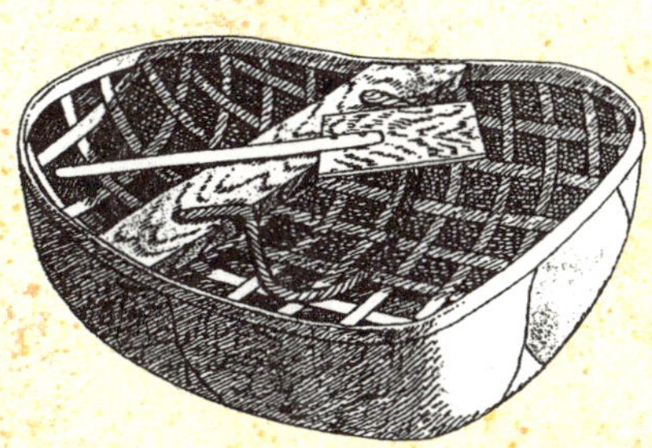

Boot aus Tierhäuten, die über ein Holzgerüst gespannt wurden

◆ Zu jener Zeit waren große Teile Europas dicht bewaldet. Das Reisen war auf dem Wasser oft einfacher als zu Lande.

Sonnenwagen, Dänemark

◆ Dieses Bronzemodell wurde etwa 1500 v. Chr. in Dänemark hergestellt. Die Scheibe stellt Sonne und Mond dar, die von dem Pferd auf ihrer täglichen Bahn über den Himmel gezogen werden.

Die Kultur der Kelten

750 v. Chr. – 500 n. Chr.

Die Vorfahren des Volkes, das wir Kelten nennen, lebten vermutlich schon seit vielen Generationen in Teilen Frankreichs, Deutschlands und der Alpen, bevor sie zu Beginn der Eisenzeit eine eigenständige Kultur entwickelten. Manchen Hinweisen zufolge bauten sie um 750 v. Chr. bei Hallstatt in Österreich Salz ab.

Damals konnte man nicht genügend Getreide anbauen, um die Haustiere den Winter über zu füttern; deshalb wurden viele von ihnen im Herbst geschlachtet. Das Fleisch mußte dann bis zum Frühsommer reichen, und zu diesem Zweck machte man es mit Salz haltbar.

Viele Kelten aus Hallstatt wurden reich, weil sie das Salz über die Alpen und bis nach Griechenland exportierten, um es gegen andere Waren einzutauschen. Einige dieser Handelsgüter gab man ihnen später mit ins Grab. Oft enthielten die Gräber auch Pferd und Wagen der Toten sowie Essen und Trinken für die Reise ins Jenseits.

Die keltische Kultur breitete sich entlang von Rhein und Donau aus; im 6. Jahrhundert v. Chr. gab es keltische Siedlungen in Frankreich, Spanien, Belgien und Britannien. Diese Frühphase der keltischen Zivilisation bezeichnen die Archäologen als Hallstatt-Kultur. Die nächste Periode heißt nach einem Dorf in der Schweiz, La Tène.

◆ *Keltische Häuser bestanden aus örtlichen Materialien. Wo viele Bäume standen, hatten sie Holzwände und Strohdächer. War nicht genügend Holz vorhanden, baute man sie aus Stein. Im Inneren gab es meist nur einen großen Raum, in dem die Familie wohnte, kochte, aß und schlief. Alle sammelten sich um das Feuer in der Mitte, das Licht und Wärme spendete.*

◆ *Die Kelten benutzten Eisen als Material für Werkzeug und Waffen; fein gearbeitete Gegenstände waren oft aus Bronze. Vielfach hatten sie ein eingraviertes Muster aus Kreisen, das in Filigranarbeit ausgeführt oder emailliert war.*

DIE LA TÈNE-KULTUR

In der La Tène-Zeit breitete sich die keltische Kultur weiter aus, bis sie schließlich im Osten Mähren und Thrakien, im Westen Portugal und Irland erreicht hatte. Einige Kelten gelangten sogar bis nach Kleinasien und ließen sich später dort nieder. Dieses Gebiet heißt heute noch Galatien nach den Galliern, dem römischen Namen für die Kelten.

Als die Römer immer mächtiger wurden, hinderten sie die Kelten daran, weiter nach Süden vorzudringen. Ab 225 v. Chr. wurden die Kelten meist von den Römern besiegt, obwohl sie gewöhnlich die größeren Armeen hatten. Ein keltisches Großreich gab es nie. Die Kelten waren in viele Stämme aufgeteilt, die sich auch gegenseitig bekämpften, wenn sie keine äußeren Feinde hatten.

Einheitlich waren dagegen die Lebensweise, die Sprache, Kunst und Handwerk sowie die Religion.

KELTISCHES LEBEN

Die Kelten hinterließen keine schriftlichen Zeugnisse, aber sie wurden von den Römern beschrieben. In Rom galten sie als unzivilisierte Barbaren, weil ihre Lebensweise ganz anders war als die der Römer.

Wie wir aus den römischen Berichten wissen, war die keltische Gesellschaft in vier Gruppen eingeteilt: Adlige, Krieger, Bauern und Gelehrte. Zur letzten Gruppe gehörten Ärzte, Barden, Schmiede und Priester.

◆ *Bronzespiegel waren im 1. Jahrhundert v. Chr. eine Spezialität der keltischen Metallhandwerker.*

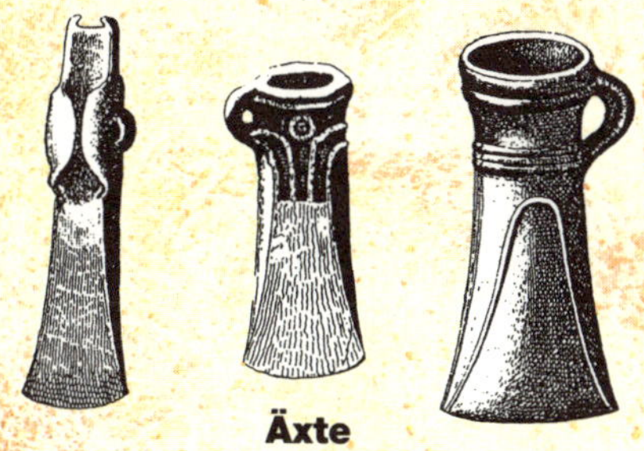

Äxte

◆ Äxte dienten bei den Kelten nicht als Waffen, sondern als Werkzeuge. Es gab sie für die jeweiligen Arbeiten in verschiedenen Formen.

◆ Der goldene Halsring symbolisierte Macht und Einfluß. Er war Adligen vorbehalten und Kriegern, die ihn trugen, wenn sie in die Schlacht zogen.

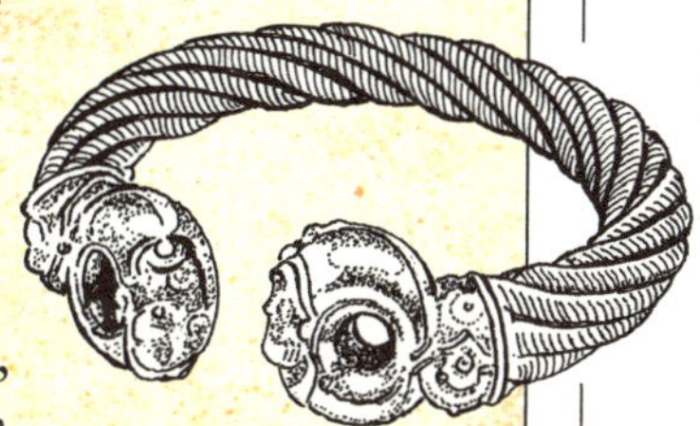

goldener Halsring

◆ Die Ärzte versuchten, Wunden und Krankheiten zu heilen. Sie nahmen sogar Schädeloperationen vor, wenn sie glaubten, eine Schwellung könne unter Umständen das Gehirn schädigen.

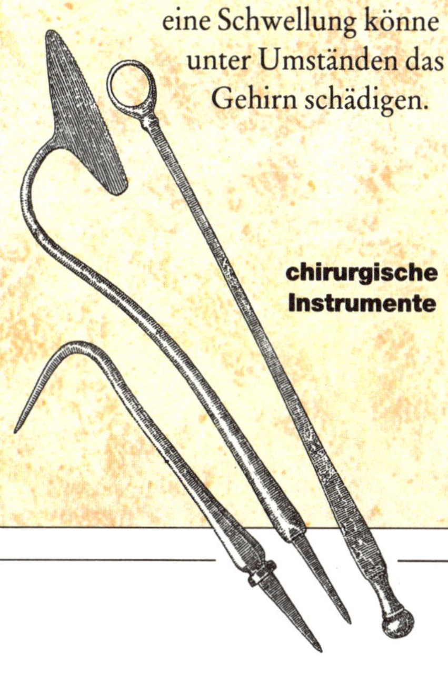

chirurgische Instrumente

◆ Die Kelten tranken gerne Alkohol – Wein war geradezu ein Statussymbol. Bei Gelagen tranken sie manchmal aus großen, verzierten Krügen.

Weinkrug aus einem Grab

Solche Gefäße wurden ihren Besitzern oft mit ins Grab gegeben.

◆ An verschiedenen keltischen Ausgrabungsstätten in Europa hat man Würfel und Spielsteine gefunden. Offensichtlich schätzten die Kelten also das Glücksspiel, doch die Regeln sind nicht überliefert.

◆ In Irland entwickelten die Kelten eine Schrift namens Ogham. Sie bestand aus geraden Linien, die sich leichter in Stein oder Holz ritzen ließen als Kurven.

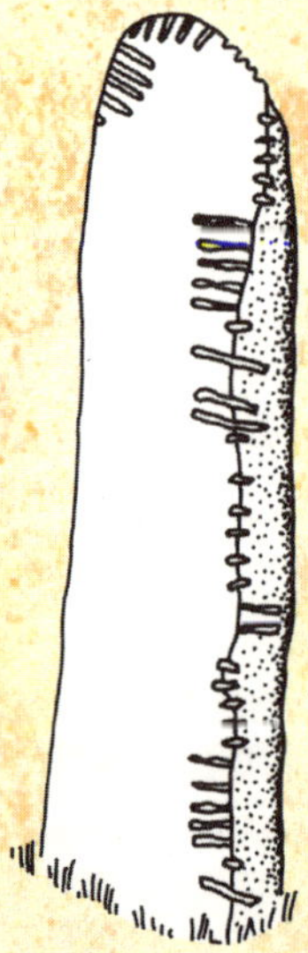

Stein mit Oghamschrift

Die Kelten hatten viele Naturgötter und -göttinnen, die sie in Flüssen, Bäumen oder Felsen verkörpert sahen; mancherorts verehrte man auch Götter in Menschengestalt.

Fast immer hatten die Keltenstämme Religionsführer, die man Druiden nannte. Sie waren die Weisen des Stammes und brauchten bis zu 20 Jahre, um ihre Fähigkeiten zu erwerben. Die Druiden verlangten Opfer, manchmal Tiere oder Menschen, meist aber Wertgegenstände. Außerdem organisierten sie die bedeutsamen keltischen Feste Beltene (1. Mai) und Samhain (1. November), die im landwirtschaftlichen Jahr wichtige Einschnitte darstellten.

Obwohl die Kelten als wild galten, kümmerten sie sich um arme, kranke und ältere Menschen und sorgten dafür, daß jeder eine Wohnung und genug zu essen hatte.

Keltische Händler

Die Kelten waren Bauern und Krieger, aber auch Händler. Zu Lande und zu Wasser tauschten sie Waren mit Phöniziern, Griechen und Römern. Von den Römern bekamen sie Wein, Olivenöl und Keramik im Tausch gegen Sklaven, Wollstoff und Jagdhunde. Die Händler müssen aber auch noch weiter gereist sein: In einem Grab in Deutschland fand man Seide, die vermutlich aus China stammte.

Durch den Handel erfuhren die Römer vom Reichtum der keltischen Gebiete, und da sie stets bestrebt waren, ihre Macht zu vergrößern, wollten sie diese Länder zu einem Teil des römischen Reiches machen. Aber das war, wie die römischen Feldherren merken sollten, durchaus kein einfaches Unterfangen.

Im Jahr 225 v. Chr. wurden die Kelten dann in der Schlacht bei

◆ Die Festung auf dem Hügel von Maiden Castle in Dorset (England) war durch mehrere Erdwälle und Gräben geschützt. Die Häuser standen an der höchsten Stelle auf offenem Gelände, wo auch das Vieh in Zeiten der Gefahr weiden konnte.

◆ Im Londoner Stadtteil Battersea fand man in der Themse diesen dünnen, 80 cm hohen Bronzeschild, der in der Schlacht kaum Schutz geboten hätte. Er wurde vermutlich nur bei Zeremonien benutzt. Das eingehämmerte Muster war mit rotem Email verziert.

Telamon (Italien) von den Römern besiegt, die nun anfingen, Gallien zu erobern. Diese Pläne wurden aber zunächst durch die Kriege mit Karthago vereitelt, die bis 202 v. Chr. dauerten. Danach begannen die römischen Eroberungszüge von neuem: Südgallien, Spanien und Portugal wurden unterworfen, und dann ging man an die Eroberung des übrigen Gallien.

Die Römer besiegten auch die Galater, so daß Kleinasien nun ebenfalls zum römischen Reich gehörte.

In vielen Gegenden wurden die Kelten völlig romanisiert, und ihre alte Lebensweise verschwand schnell. Einige Kelten, die gute Reiter waren, traten sogar in die römische Armee ein und wurden schließlich römische Bürger.

Im Jahr 43 v. Chr. verleibten die Römer Britannien ihrem Reich ein, aber es gelang ihnen nie, die Insel vollständig zu erobern. Schottland und Irland, aber auch Teile von Wales und Cornwall blieben frei von römischer Vorherrschaft, und dort blieb die traditionelle keltische Lebensweise noch jahrhundertelang erhalten. Vom 4. Jahrhundert n. Chr. an wurden die Kelten christianisiert, und nach dem Zusammenbruch des römischen Reiches wanderten einige als Missionare durch Europa.

◆ *In der Schlacht von Alesia (52 v. Chr.) schlug ein römisches Heer mit 50 000 Soldaten unter Führung von Julius Cäsar eine Streitmacht von fast 350 000 Galliern. 100 000 von ihnen wurden in der befestigten Stadt belagert, die übrigen 250 000 gehörten zu einer Entsatzarmee. Diese konnte aber den römischen Belagerungsring nicht durchbrechen, so daß die Stadt sich schließlich aus Hunger ergeben mußte.*

Die Suche nach Neuland

200 – 600 n. Chr.

Die Römer versuchten, ihr Reich nach Norden auszuweiten. Dort lebten die verschiedenen Stämme der Germanen, die bei den Römern ebenfalls als wilde Barbaren galten und die sich untereinander ebenso bekämpften wie den äußeren Feind.

Die Germanen waren meist Bauern, aber es gab auch Metallhandwerker, die aus Gold und farbigen Steinen Schmuck anfertigten und außerdem Werkzeuge und Waffen herstellten. Land, das nicht als Acker diente, war dicht bewaldet – ein ideales Gelände für Angriffe gegen die Römer, die ihr Reich über den Rhein hinaus ausdehnen wollten. Die Germanen hinderten sie jedoch daran und griffen die römische Grenze im 2. Jahrhundert n. Chr. im Westen an.

Um die Mitte des 3. Jahrhunderts n. Chr. waren viele Germanenstämme auf der Wanderung und auf der Suche nach neuen Siedlungsgebieten. Die Ost- und Westgoten sowie die Vandalen rückten immer näher an die Grenzen des römischen Reiches heran. Im Jahr 268 n. Chr. plünderten sie die Stadt Athen.

◆ Die Sachsen waren gute Handwerker – sie fertigten zum Beispiel diesen raffinierten Helm aus Bronze, Eisen und Silber. Um das Tragen angenehmer zu machen, war er mit Leder gefüttert.

Gleichzeitig gewannen andere Völker in den weiten Steppen östlich des Römerreiches immer mehr an Macht. Sie waren meist Hirten und Nomaden, aber es gab bei ihnen auch Schmiede und

◆ Die meisten Völker konnten auf dem Landweg von Osten nach Westen wandern. Die Angeln, Jüten und Sachsen allerdings fuhren in offenen Booten über die Nordsee und nahmen alles mit, was sie in der neuen Heimat Britannien brauchten.

◆ Die Kampfrüstungen der Männer waren nicht nur Schutz, sondern auch Zierde. Männer und Frauen trugen Schmuck, vor allem Broschen.

gute Reiter. Außerdem waren sie furchtlose Kämpfer. Eines dieser Völker, die Skythen, wurde im 3. Jahrhundert von den Goten besiegt. Diese wiederum unterlagen 370 n. Chr. den Hunnen, einem mongolischen Stamm, und wandten sich schutzsuchend an den römischen Kaiser. Der oströmische Herrscher Valens gestattete ihnen, sich auf seinem Gebiet niederzulassen, denn er wollte sie als Rekruten für seine Armee gewinnen, aber die Goten gewannen an Macht und besiegten ihn schließlich.

Um 400 n. Chr. durchwanderten die „Barbaren“ ganz Europa. Angeln, Jüten und Sachsen drangen über die Nordsee nach Britannien vor, vermutlich weil ihre eigenen Länder durch Überschwemmungen verwüstet waren. Sie brachten ihre Familien mit und ließen sich im Süden und Osten des Landes nieder, das später England („Land der Angeln“) genannt wurde. Die Westgoten wanderten im Jahr 417 nach Gallien, gefolgt von Franken und Burgundern. Die Vandalen gingen nach Spanien und Nordafrika. Die Hunnen gelangten unter dem Feldherrn Attila nach Norditalien, aber 453, nach Attilas Tod, brach ihre Macht zusammen. Die Völkerwanderung setzte sich noch etwa 100 Jahre fort.

◆ Trinkgefäße stellte man aus Kuhhörnern her. Wegen ihrer Form konnte man sie kaum abstellen, solange sie nicht leer waren; deshalb mußte man sie stets in einem Zuge austrinken oder herumreichen.

Trinkhorn

◆ Die meisten neuen Siedler waren Bauern, die in kleinen Gemeinden oder auf Einzelgehöften wohnten. Sie bauten Holzhäuser und ließen die römischen Gebäude meist verfallen.

Holzhaus

◆ Die wenigen erhaltenen schriftlichen Zeugnisse aus jener Zeit sind meist mit den stabförmigen Runen geschrieben. Dichter und Geschichtenerzähler gaben ihre Arbeiten mündlich weiter.

Runen

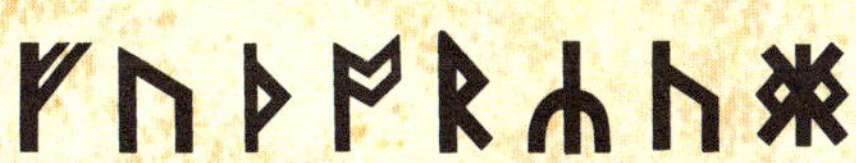

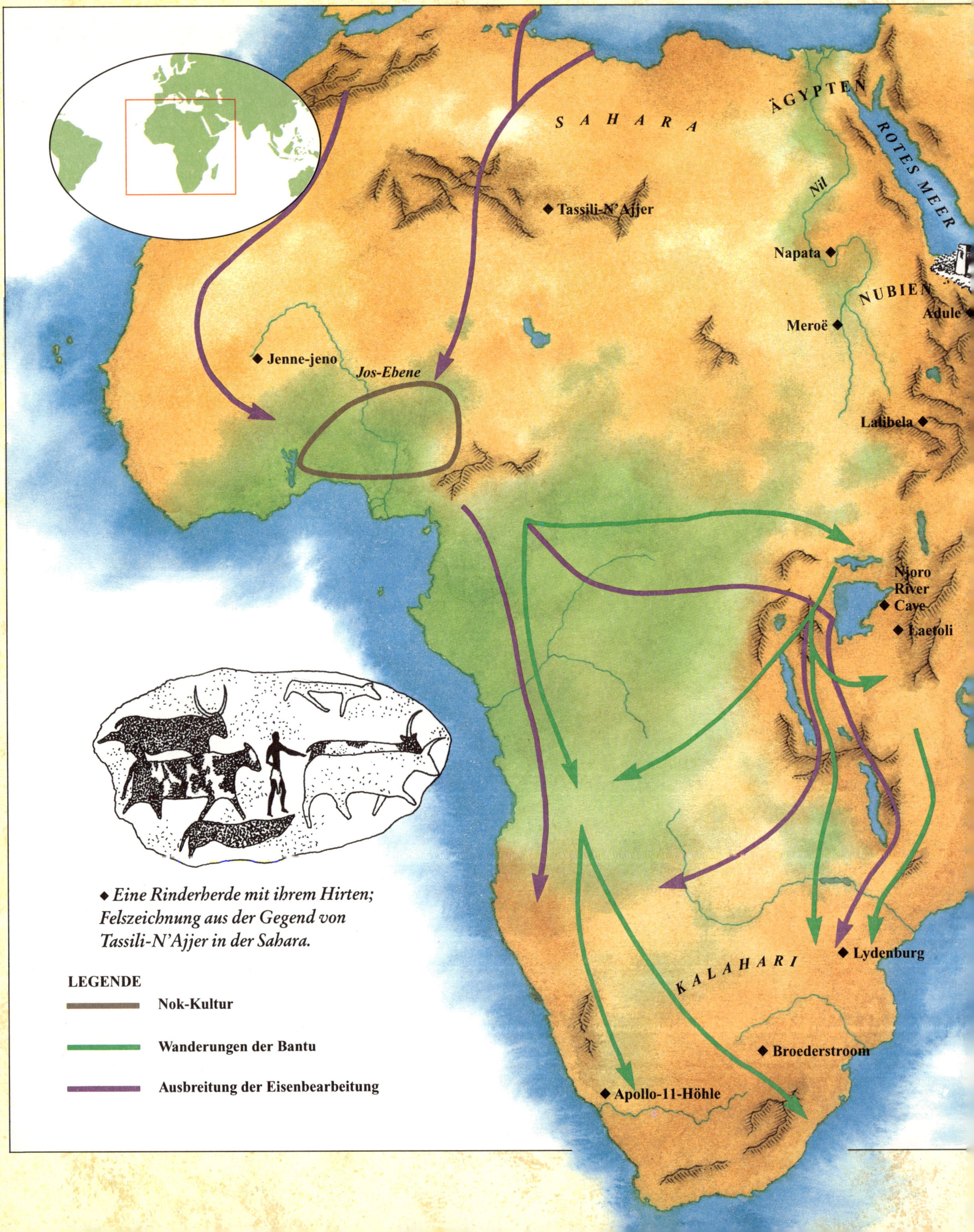

◆ *Eine Rinderherde mit ihrem Hirten; Felszeichnung aus der Gegend von Tassili-N'Ajjer in der Sahara.*

AFRIKA

Die allerersten Menschen lebten in den weiten Steppen und Waldgebieten Zentralafrikas. Über Tausende von Jahren hinweg breiteten sie sich über den ganzen Kontinent aus; sie ernährten sich durch Sammeln und Jagen, die Werkzeuge waren aus Stein und Holz.

In Afrika gab es in der letzten Eiszeit keine größeren Eisflächen, aber die Trockenheit stellte ein Problem dar. Zwischen 20 000 und 10 000 v. Chr. war die Sahara größer und trockener als heute, so daß dort weder Tiere noch Menschen leben konnten. Als die Temperaturen auf der ganzen Welt anstiegen und das Eis schmolz, regnete es mehr, und nun kehrten Pflanzen, Tiere und Menschen in die Sahara zurück.

Die Bewohner der weiter südlich gelegenen Regionen lebten noch viele Jahrhunderte lang vom Jagen und Sammeln. Die einzigen Spuren, die sie hinterließen, sind ein paar Werkzeuge, Waffen und Reste von Pfostenlöchern und Feuerstellen.

◆ Der nördliche Friedhof von Meroë. Die Pyramiden bestehen aus Sandstein.

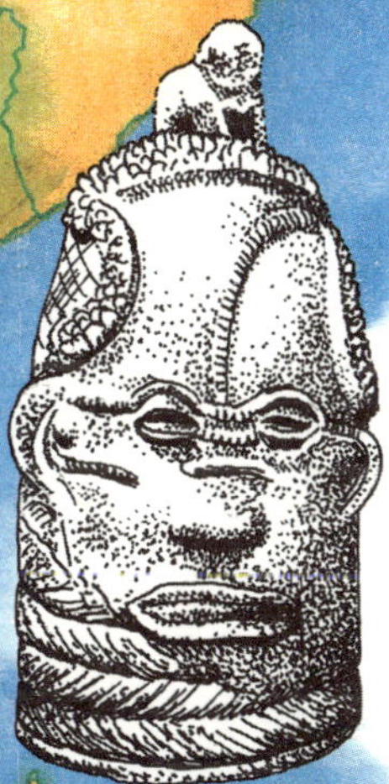

◆ Ein Terrakottakopf aus Lydenburg in Transvaal, etwa 500 v. Chr.

Erste Bauern in Afrika

9000 – 2000 v. Chr.

◆ *Die Zeichnungen und Ritzbilder auf den Felsen von Tassili-N'Ajjer hat man auf etwa 3000 v. Chr. datiert. Die Farben bestanden aus unterschiedlich gefärbten Steinen und Erden, die man zerkleinerte und dann mit Tierfett vermischte.*

Etwa 9000 v. Chr. war aus den Eisschichten soviel Schmelzwasser freigeworden, daß es wieder regnete. Die Verhältnisse in der Sahara besserten sich so, daß Menschen von Norden und Süden einwandern konnten. An den Rändern der Wüsten entstanden Grasgebiete, und in höheren Lagen wuchs Wald heran. Das zog auch Tiere an.

Felszeichnungen von etwa 8500 v. Chr. zeigen Giraffen, Elefanten, Flußpferde und Nashörner. Alle diese Tiere jagte man wegen ihrer Haut und ihres Fleisches.

Am kleinsten war die Wüste vermutlich um 6000 v. Chr.; an manchen Stellen war es so feucht, daß sich Seen bildeten. Auf einer Felszeichnung aus dieser Zeit erkennt man sogar Jäger, die ein Flußpferd vom Boot aus mit Speeren erlegen wollen.

Vom Jäger zum Bauern

Andere Felsbilder aus der Zeit um 6000 v. Chr. zeigen keine Jäger, sondern Rinderhirten. Für diesen Übergang von der Jagd zur Landwirtschaft sprechen auch Funde von Hausrinderknochen aus der Sahara, die man auf 4000 bis 6500 v. Chr. datieren konnte. Den Zeichnungen zufolge versuchten die Menschen – allerdings vergeblich –, auch andere Tiere zu domestizieren, einschließlich der Giraffe.

Die Graslandschaften boten nicht nur den Tieren Nahrung, manche Pflanzen waren auch für Menschen eßbar. Hirse und Sorghum (Mohrenhirse) lieferten beispielsweise Getreide. Anfangs erntete man nur Wildpflanzen mit Sicheln aus Holz und Flintstein,

◆ *Als es in der Sahara immer trockener wurde, mußten die Hirten mit ihren Rindern von Oase zu Oase ziehen, immer auf der Suche nach Wasser.*

aber ab etwa 6000 v. Chr. wurden Pflanzen auch angebaut.

Zu jener Zeit lebten die Menschen an den Flüssen und Seen der Sahara sowie in den Graslandschaften im Süden in festen Siedlungen. Sie ernährten sich von Flußpferden, Krokodilen und Fischen. Ihre Keramik verzierten sie mit Wellenlinien.

Die Wüste wächst

Etwa ab 4000 v. Chr. setzte eine neue Trockenperiode ein. Die Seen verschwanden, und das Grasland verdorrte. Die Tiere wanderten ab oder starben aus. Felsbilder aus der Zeit nach 3000 v. Chr. zeigen Kamele und andere Tiere, die sich gut für das Wüstenleben eignen. Auch die Menschen zogen weg oder lebten als Nomaden, immer auf der Suche nach Wasser für Menschen und Tiere.

Um 2000 v. Chr. hatte die Sahara ungefähr ihre heutige Größe von 9 Millionen Quadratkilometern erreicht. Sie trennte die nordafrikanische Mittelmeerküste vom Rest des Kontinents. Nur Handelswege führten weiterhin durch die Wüste, und die beiden Teile Afrikas entwickelten sich nun recht unterschiedlich.

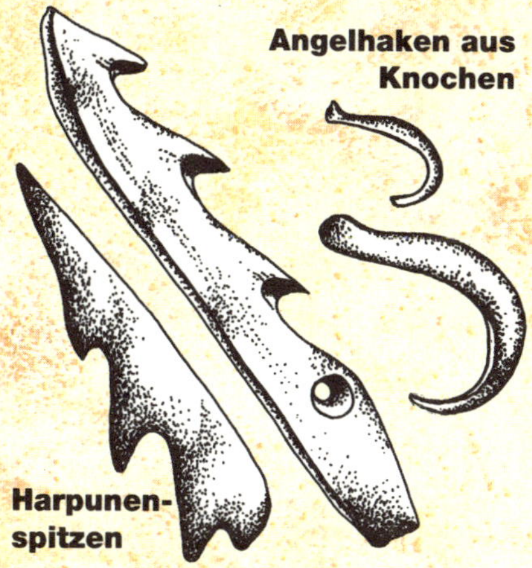

◆ Auch als man schon Landwirtschaft betrieb, mußte ein Teil der Nahrung durch Jagd beschafft werden. Man fischte mit Harpunen, Angelhaken und Speeren, und an Land erlegte man Tiere mit Pfeil und Bogen. Zur Befestigung der steinernen Pfeilspitzen diente Mastix, ein gummiähnlicher Naturstoff.

◆ Hirse, Sorghum und Yamswurzel gehörten zu den ersten Nutzpflanzen, die man in Afrika anbaute. Als es immer trockener wurde, war vor allem die Hirse wichtig, denn sie braucht weniger Wasser als Sorghum.

Nubien und das Kuschitenreich

2000 v. Chr. – 400 n. Chr.

◆ Diese Wandmalerei aus einem ägyptischen Grab zeigt Nubier, die dem Pharao Früchte, Goldschmuck, Pelze, Stoffe und Affen als Geschenke darbringen.

Nubien liegt am Nil unmittelbar südlich von Ägypten. Das Land ist zwar von Wüste umgeben, aber das Gebiet direkt am Flußufer war durch die alljährlichen Überschwemmungen fruchtbar. Wie man auf ägyptischen Grabmalereien erkennt, waren die Nubier dunkelhäutige Afrikaner; in alten Schriften werden sie oft als groß und kräftig beschrieben.

Um 2000 v. Chr. gelangte die ägyptische Zivilisation nach Nubien, wo zur gleichen Zeit das Kuschitenreich entstand. Seine Hauptstadt war Napata unmittelbar unterhalb des vierten Nilkataraktes (Wasserfall). Schon bald blühte der Handel – Nubien lieferte Gold, Elfenbein, exotische Tiere und Früchte nach Ägypten. Außerdem dienten Nubier als Söldner in der ägyptischen Armee.

Im 15. Jahrhundert v. Chr. wurde Nubien von einem ägyptischen Vizekönig regiert. Als Ägyptens Macht gegen Ende des Neuen Reiches schwand, begann der Aufstieg der Kuschiten.

Etwa 750 v. Chr. besiegte die kuschitische Armee die Ägypter bei Memphis, und kuschitische Herrscher bildeten die 25. Dynastie der Pharaonen. Sie dauerte bis 663 v. Chr.; in diesem Jahr eroberten die Assyrer Ägypten, und die Kuschitenherrscher zogen sich wieder nach Nubien und in die Hauptstadt Napata zurück.

Eisen bringt Reichtum

Um 600 v. Chr. verlegten sie ihre Hauptstadt nach Meroë weiter südlich am Nil. Die Kenntnis der Eisenbearbeitung hatte sich von Ägypten her ausgebreitet, und da Meroë von Eisenerzlagern umgeben war und über das nötige Holz zur Verhüttung verfügte, nahmen Größe und Reichtum der Stadt schnell zu. Bis 500 v. Chr. war es zu einer Stadt aus Lehmziegelhäusern herangewachsen, die sich um pyramidenartige Gräber gruppierten, und die Gräber wiederum umgaben einen Komplex königlicher Tempel.

◆ Auch als Nubien wieder selbständig war, blieb durch die Handelsbeziehungen der starke ägyptische Einfluß bestehen. In Meroë bestattete man Könige und Königinnen in Pyramiden, die allerdings etwas höher und schmaler waren als in Ägypten. Später sickerten von Ägypten her außerdem griechische und römische Einflüsse ein, die aber nie so stark wurden wie die aus Ägypten.

Der wichtigste Tempel war damals Amun geweiht, dem ägyptischen Sonnengott, aber später verehrte man vor allem nubische Götter wie Marduk.

Von Meroë aus trieb man über den Nil Handel mit dem Mittelmeerraum, und Kamele brachten Waren auf dem Landweg aus den arabischen Häfen am Roten Meer.

Als der ägyptische Einfluß abnahm, benutzten die Nubier statt der Hieroglyphen ein Buchstabenalphabet. Man hat es zwar entziffert, aber die Sprache wurde noch nicht entschlüsselt.

Als die Römer 30 v. Chr. Ägypten eroberten, blieben Nubien und die Kuschiten unabhängig. Erst nach 400 n. Chr. nahm ihr Einfluß ab.

◆ *Von Gerüsten aus meißelten Arbeiter Hieroglyphen in die Felsen hoch über Napata. Die Inschriften zu Ehren der Kuschitenkönige wurden anschließend mit Goldplatten bedeckt, die in der Sonne glänzten.*

◆ Ägyptische Wandmalereien zeigen nubische Männer und Frauen mit engen Halsketten aus unterschiedlich großen Tierzähnen.

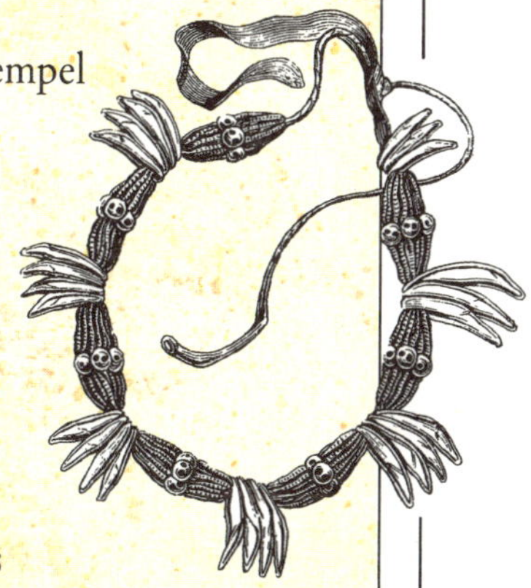

nubische Halskette

◆ Der Löwentempel im nubischen Naga wurde 1 n. Chr. von König Natekamani und Königin Amantare erbaut. Ägypten gehörte damals zum römischen Reich, aber in Nubien herrschte noch der frühere ägyptische Baustil vor, den man auch in diesem Tempel nachahmte. Er war dem Löwengott Apemedek geweiht, dessen Bild man auf Reliefs erkennt.

Löwentempel in Naga

◆ Als das Kuschitenreich nach 400 n. Chr. an Macht verlor, bekehrten Mönche aus dem oströmischen Reich von Byzanz die Nubier zum Christentum. Später setzte sich allerdings der Islam durch.

Nok-Kultur und Bantuvölker

400 v. Chr. – 500 n. Chr.

Gegen 400 v. Chr. erreichte die Kenntnis der Eisenbearbeitung das Volk der Nok im Norden des heutigen Nigeria. Dorthin gelangte sie vermutlich aus der Gegend von Meroë im Kuschitenreich oder vielleicht auch von der Mittelmeerküste durch Händler, die durch die Sahara zogen.

In diesem Teil Westafrikas hatten die Menschen seit 1800 v. Chr. als Bauern gelebt. Nach archäologischen Funden aus Ghana hatten sie rechteckige Häuser mit Wänden aus verputztem Flechtwerk und Strohdächern. Sie hielten Ziegen und Rinder und bauten Ölpalmen und Yamswurzeln an. Die Werkzeuge und Waffen bestanden aus Stein, Knochen oder Holz und waren nicht besonders leistungsstark; deshalb gab es Landwirtschaft nur in geringem Umfang.

Eisenwerkzeug

Nachdem das Eisen sich durchgesetzt hatte, weitete sich der Ackerbau aus. Eisengeräte waren kräftiger und ließen sich leichter ersetzen. Mit eisernen Äxten rodeten die Nok neue Nutzflächen, indem sie Bäume fällten und Unterholz beseitigten. Vermutlich verwendeten sie das Holz zum Bauen und Feuermachen, aber die Reste verbrannten sie unmittelbar vor der Regenzeit an Ort und Stelle. Dann pflügten sie die Asche unter, um den Boden anzureichern, und bereiteten ihn mit Grabstöcken zur Aussaat vor.

Durch diese Fortschritte in der Landwirtschaft blühte die Nok-Kultur zwischen 400 v. Chr. und 200 n. Chr. auf. Sie brachte einige begabte Bildhauer hervor.

◆ *In Gegenden wie dem Regenwald und der Kalahari, wo die Bantu sich nicht ansiedelten, blieb die herkömmliche Lebensweise der Bewohner bis ins 20. Jahrhundert erhalten.*

◆ *Die Terrakottafiguren der Nok stellen meist Menschenköpfe dar. Vielfach sind sie lebensgroß und zeigen Einzelheiten von Frisur und Schmuck.*

DIE BANTUVÖLKER

Im 1. Jahrhundert n. Chr. wurde die Gegend südlich der Nok von einem neuen Volk aus Westafrika besiedelt. Es waren Bauern, deren Sprachen sich vom Bantu ableiteten. Sie durchwanderten den Kontinent nach Süden und Osten auf der Suche nach neuen Siedlungsgebieten. Dabei brachten sie ihre Kenntnisse in Landwirtschaft und Metallbearbeitung mit und führten diese Methoden in Gegenden ein, wo zuvor Jäger und Sammler gelebt hatten.

Um 500 n. Chr. hatten die Neuankömmlinge das südliche Afrika erreicht, wo sie sich in kleinen Dörfern niederließen.

Sie bauten Getreide an, hielten Schaf-, Rinder- und Ziegenherden, schmolzen Eisen und töpferten. Sie siedelten sich allerdings nur in Gegenden an, die sich für die damaligen Methoden der Landwirtschaft eigneten: Den tropischen Regenwald überließen sie den Pygmäen und die Wüste Kalahari den Buschleuten.

◆ *Zum Schmelzen des Eisens gab es zwei Arten von Lehmöfen. Die eine war kuppelförmig, die andere ähnelte einem Zylinder. Darunter befand sich eine Grube, die das aus dem Erz fließende Metall aufnahm. Beide Ofentypen besaßen in der Wand, auf der Höhe des Feuers, eine Reihe von Tonröhren, durch die man mit einem Blasebalg Luft pressen konnte, um die Flammen anzuheizen.*

◆ Neben Keramik stellte man in Afrika auch geschnitzte Holzschalen und andere Holzgefäße her. Dieses hübsch verzierte Exemplar aus dem 12. Jahrhundert v. Chr. wurde in der Njoro River Cave in Kenia gefunden.

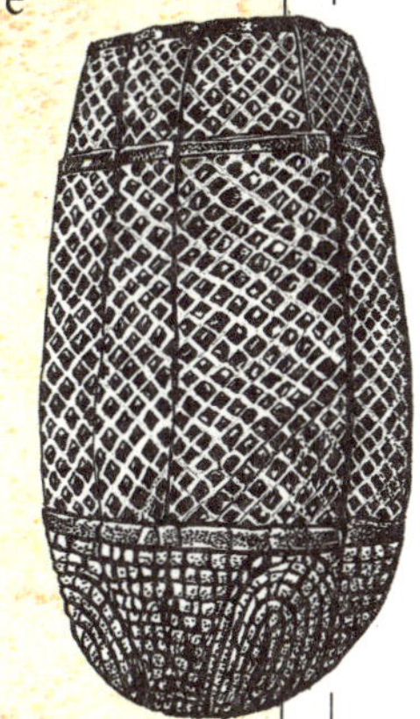

Holzschale aus Kenia

◆ An Eisenwerkzeugen gab es zu jener Zeit Äxte und Pflüge, Messer sowie Pfeil- und Speerspitzen. Sie trugen ganz entscheidend zur Verbesserung der Jagd und der Landwirtschaft bei.

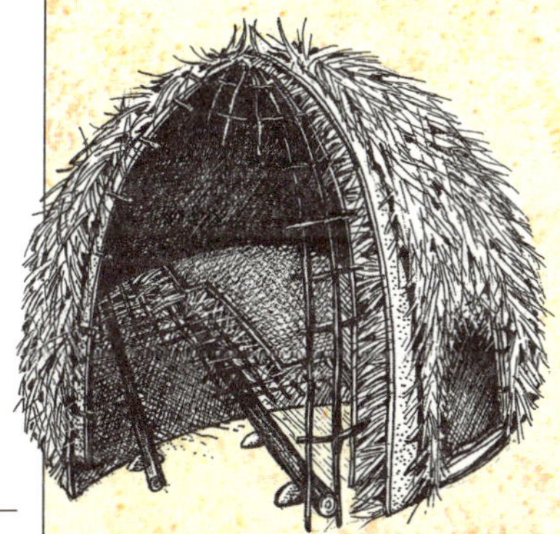

Holzhaus in Transvaal

◆ Im 5. Jahrhundert n. Chr. lebte das Volk von Broederstroom in Transvaal in kuppelförmigen Häusern. Das Holzgerüst wurde mit Matten aus geflochtenem Gras bedeckt, die man dann innen und außen mit Lehm verputzte. Der Fußboden bestand aus dem gleichen Material und ruhte auf Holzbalken, die von großen Steinen gestützt wurden.

Das Reich von Aksum

500 v. Chr. – 600 n. Chr.

Der Aufstieg des Reiches von Aksum im heutigen Äthiopien begann im ersten Jahrtausend v. Chr. Sein Reichtum gründete sich auf den Handel über Adule, den wichtigsten Hafen des Landes am Roten Meer.

Anfangs war Aksum stark vom Süden Arabiens beeinflußt; Sprache und Schrift waren im 5. Jahrhundert v. Chr. eng mit dem Arabischen verwandt. Vom 4. Jahrhundert v. Chr. an wurde jedoch der griechische Einfluß immer wichtiger, denn die Händler aus dem Ägypten der Ptolemäer kamen auf dem Weg nach Indien durch Adule. Die wichtigsten Handelswaren jener Zeit waren vermutlich Elfenbein, Gold, Edelsteine, Wein und Sklaven. Eingefangene Affen und andere Tiere wurden als Haustiere verkauft, und auch Elefanten fing man und richtete sie zur Arbeit ab.

Reichtum durch Handel

Zu Beginn des 1. Jahrhunderts n. Chr. nahmen Macht und Reichtum von Aksum durch zwei Ereignisse zu. Erstens kam eine neue Dynastie starker Herrscher an die Macht: Ein König der Könige herrschte von Aksum aus, und mehrere kleinere Regenten, die einzelne Gebiete regierten, zahlten dem König der Könige jährliche Abgaben. Und zweitens gab es neue Erkenntnisse über die Monsunwinde. Die Seeleute konnten nun ausrechnen, wie sie sich die Winde zunutze machen und das Rote Meer zwischen Mittelmeer und Indischem Ozean leichter befahren konnten. Seide aus China kam nun nicht mehr nur über Land, sondern auch auf diesem Weg.

Meist machte man nicht die ganze Reise auf demselben Schiff, und deshalb legten viele Kaufleute in Adule, dem Hafen

◆ *Händler aus Aksum kauften und verkauften Luxusgüter aus allen Teilen der damals bekannten Welt: Elfenbein aus Afrika, Wein aus Rom, Weihrauch und Myrrhe aus Arabien, Seide, Brokatstoff und Lackarbeiten aus China und Gewürze aus Indien.*

◆ *Die ersten christlichen Kirchen wurden aus dem Felsen gehauen. Diese hier steht im äthiopischen Lalibela und hat die Form eines Kreuzes.*

Aksums, eine Zwischenstation ein. Weihrauch- und Myrrhehändler, die zuvor auf dem Landweg von Südarabien zum Mittelmeer gereist waren, nahmen nun ebenso den Weg über Adule wie Gewürzhändler aus Indien. Zu jener Zeit, als es noch keine Kühlmöglichkeit gab, waren Gewürze unentbehrlich, denn mit ihnen konnte man den schlechten Geschmack von Fleisch, das zu faulen begann, überdecken. Weihrauch brauchte man für religiöse Zeremonien und zum Einbalsamieren, und Myrrhe verwendete man für Parfüms, Kosmetikartikel und Arzneien.

Im 4. Jahrhundert n. Chr. kam auf den Handelswegen vom Mittelmeer auch das Christentum nach Aksum; es blieb in Äthiopien bis zum 20. Jahrhundert die wichtigste Religion. Geschickte Steinmetze errichteten im 4. Jahrhundert n. Chr. auch große *Stelen,* Obelisken aus Granit, als Zeichen für den wachsenden Wohlstand und Einfluß des Landes. Manche Stelen sind mit den Symbolen der vorchristlichen Götter verziert. Zu ihnen gehörten der Mondgott Hawbas und Mahrem, der Gott des Krieges und der Könige. Man betete auch die Verstorbenen an und brachte ihnen Tieropfer dar.

Im 6. Jahrhundert war Aksum so mächtig, daß es auch die Herrschaft über die Länder Westarabiens übernahm, die die Hauptmenge an Weihrauch und Myrrhe lieferten.

◆ *Dieser Obelisk, der an einen Herrscher von Aksum erinnert, steht heute noch. Er ist 30 Meter hoch und neigt sich inzwischen.*

◆ Schiffe, die von Aksum ausliefen, konnten die Monsunwinde ausnutzen, um nach Indien zu segeln und Waren von dort zurückzubringen. Die Seeleute wußten, daß der Wind im Winter aus Nordosten weht, so daß sie Indien erreichen konnten; im Sommer drehte der Wind und trieb sie wieder zurück. Unter den eingekauften Waren befanden sich vermutlich wertvoller Schmuck und Gewürze.

Palast in Enda Mikael

◆ Die Herrscher von Aksum nutzten ihren Reichtum, um sich schöne Paläste zu bauen. Der Palast von Enda Mikael mißt auf jeder Seite 27 Meter; an den Ecken standen zinnenbewehrte Türme.

◆ Goldmünzen, die nach der Christianisierung Aksums geprägt wurden, tragen neben dem Bild des Herrschers auch ein Kreuz. Dieser Kaiser hieß Ousanas und regierte von 285 bis 317 n. Chr.

Goldmünze

Nord- und Südamerika

Als der Meeresspiegel während der letzten Eiszeit sank, tauchte eine Landbrücke zwischen Asien und Nordamerika auf, die schließlich 1600 Kilometer breit war und heute Beringia genannt wird.

Nun wanderten Tiere und Jäger von Asien auf einen Kontinent, der bis dahin nicht von Menschen besiedelt war. Als das Eis schmolz und das Meer wieder anstieg, wurde der amerikanische Kontinent erneut von der übrigen Welt abgeschnitten, und es entstanden vielfältige, eigenständige Kulturen. Manche Völker waren Nomaden und zogen mit ihren Herden durch das Land, andere wurden seßhaft und betrieben Landwirtschaft.

Zwischen den einzelnen Kulturen bestanden enge Handelsbeziehungen. Dörfer und Städte entstanden, manche davon mit schönen steinernen Gebäuden.

MITTELAMERIKA

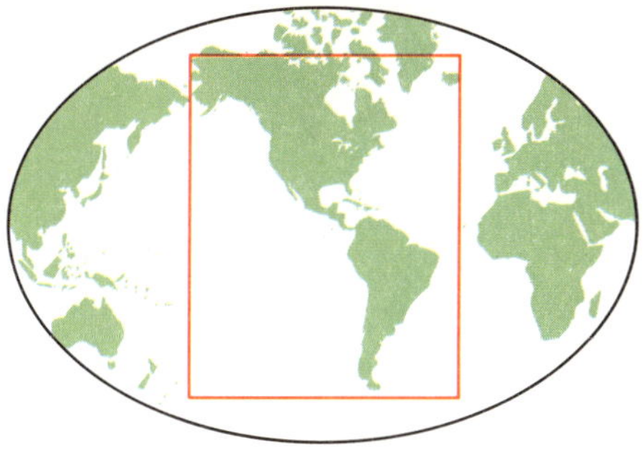

◆ *Eine Büffelhaut wird als Kleiderstoff vorbereitet.*

◆ *Die Fischer von Moche in Südamerika benutzten Schilfboote.*

Erste Siedler in Nordamerika

35 000 v. Chr. – 600 n. Chr.

◆ *Zur Nahrungsbeschaffung jagte man die großen Tierherden. Nach archäologischen Funden aus Colorado verfolgten die Menschen damals eine Bisonherde so lange, bis die Tiere über eine Felskante stürmten und in den Tod stürzten.*

Als die Eisschichten schmolzen, zogen die Tiere, die über die Landbrücke aus Sibirien gekommen waren, und die Jäger, die mit ihren Familien den gleichen Weg genommen hatten, nach Süden und Osten. Schließlich hatten sie alle Teile der heutigen USA und Kanadas erreicht.

Anfangs lebten die Menschen als Nomaden; sie jagten die großen Tiere, die sich in der Eiszeit entwickelt hatten, zum Beispiel Mammuts, Mastodons und Langhornbüffel.

Die Werkzeuge waren aus Stein, Holz oder Knochen; man kannte Messer, Schaber und Hämmer, mit denen man die erlegten Tiere zerteilte. Die wichtigste Jagdwaffe war der Speer mit einem hölzernen Griff und einer Steinspitze, die mit Streifen aus Tierhaut befestigt wurde.

Neue Tiere

Zwischen 10 000 und 4000 v. Chr. erwärmte sich das Erdklima langsam, und das Wasser, das bis dahin im Eis gebunden war, trat wieder in seinen natürlichen Kreislauf ein. In Klima und Umwelt spielten sich weltweit tiefgreifende Veränderungen ab, und das führte dazu, daß fast alle großen Tiere einschließlich der Pferde bis etwa 8000 v. Chr. ausgestorben waren.

Die gleiche Jahreszahl kennzeichnet auch das Ende der sogenannten paläo-indianischen Epoche. In der nun folgenden archaischen Zeit (8000 bis 1000 v. Chr.) traten kleinere Tiere an die Stelle des Großwilds, so Antilope, Hirsch und Karibu. Die Menschen entwickelten vielfältigere Lebensformen, je nachdem, wo sie wohnten und was die Natur ihnen bot.

Leben in der Arktis

In den arktischen Gebieten erlegte man Walrosse; ihr Fleisch diente als Nahrung, und aus den Stoßzähnen stellte man Werkzeuge her. Robbenfelle wurden zu warmen Kleidungsstücken verarbeitet. Im Winter

◆ *In den Flußtälern im Südosten Nordamerikas bauten die ersten Siedler ihre Häuser aus einem Holzgerüst, das mit Stroh gedeckt wurde. Die Häuser waren rund und boten bis zu 20 Personen Platz.*

baute man Behausungen aus Eisblöcken. Während des kurzen Sommers lebten die Menschen vermutlich in Zelten aus Holzpfählen und Fellen.

DIE SUBARKTIS UND DIE GROSSEN PRÄRIEN

In der subarktischen Zone nahe dem Polarkreis folgten Jäger den großen Karibuherden, die auf der Suche nach Futter umherzogen; später ließen sie sich weiter im Süden nieder, wo das Klima sich erwärmte und Nahrung leichter zu finden war.

Auch in den großen Prärien lebten die Menschen noch als Nomaden, die den Bisonherden folgten. Oft töteten und zerlegten sie mehrere Tiere auf einmal; dann trockneten sie das Fleisch in langen Streifen als *Pemmikan*, um es haltbar zu machen. Aus Bisonfellen stellte man Kleidung und Behausungen her. Diese Lebensweise blieb fast unverändert, bis die Spanier um 1500 n. Chr. wieder Pferde nach Amerika brachten.

Wo die Natur mehr Nahrung bot, wurden die Menschen seß-

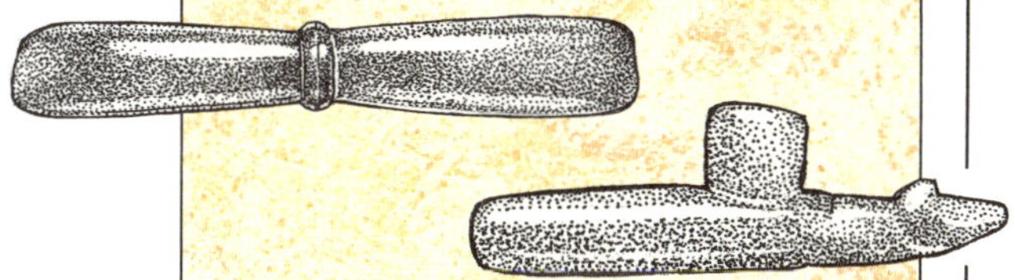

Rohr und Pfeife aus Tennessee (USA)

◆ Im heutigen Tennessee fand man ein Rohr und eine Pfeife in Form eines Tierkopfes. Sie dienten möglicherweise bei Zeremonien zum Rauchen – Tabak benutzte man allerdings damals noch nicht. Vielleicht hatten sie auch mit dem Heilen von Krankheiten zu tun.

◆ Die verschiedenen Tiere erlegte man mit unterschiedlichen Steinspitzen. Diese hier, Folsom-Spitze genannt, diente zur Jagd auf Bisons. Die Clovis-Spitze zum Abhäuten von Mammuts war ungefähr um die Hälfte länger.

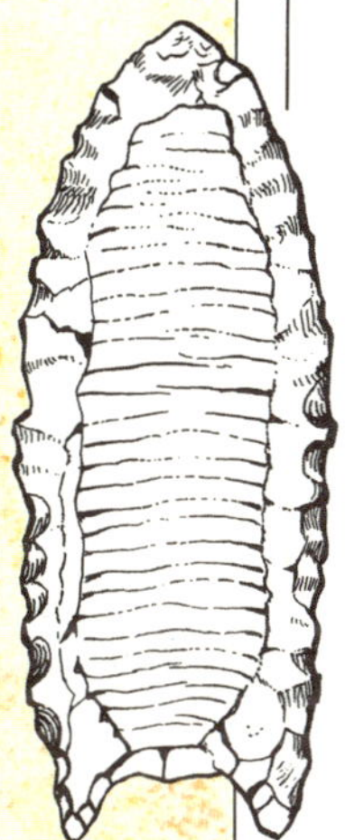

Folsom-Spitze

◆ Die Jäger im hohen Norden schmückten ihre Harpunen mit Schnitzereien. Sie glaubten, die Geister der Tiere würden sich über die schönen Waffen freuen und sich dann leichter fangen lassen.

Verzierung einer Harpune

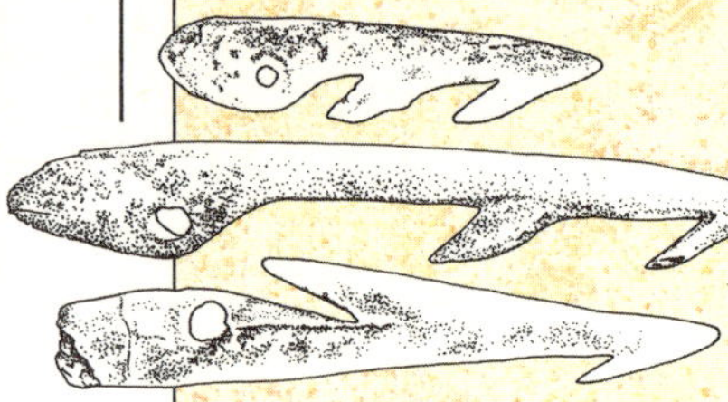

Harpunenspitzen aus Walroßzähnen

◆ Mit Harpunen aus Walroßzähnen jagte man große Fische und andere Meerestiere. Kleine Fische erlegte man in seichtem Wasser mit dem Speer. In tieferen Gewässern fing man sie mit knöchernen Haken, die an Schnüren befestigt waren. In einigen Gegenden kannte man auch Netze, und manche Fische fing man in geflochtenen Reusen, die man in Flüssen und Bächen anbrachte.

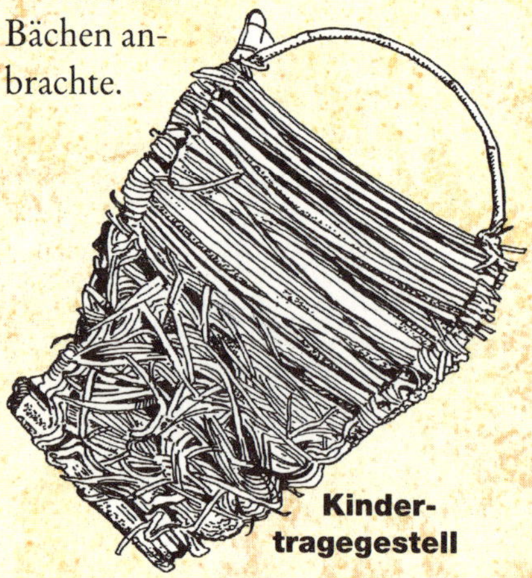

Kindertragegestell

◆ An den Rändern der Wüsten im Südwesten Nordamerikas trug man Säuglinge in geflochtenen Tragegestellen. Anfangs diente ein Rindenpolster zum Schutz des Kopfes. Seit etwa 700 n. Chr. bewirkte ein hartes Brett, daß der Hinterkopf des Kindes sich abflachte – das galt damals als besonders schön.

haft. Die Jagd war immer noch von Bedeutung, doch ergänzte man den Speiseplan mit Samen, Nüssen und Beeren. Man erfand neue Hilfsmittel wie Netze und Fallen zum Fangen von Kleintieren und Vögeln, Angelhaken und mit Gewichten beschwerte Angelschnüre, Körbe zum Sammeln und Lagern der Nahrung und Steine zum Aufschlagen und Mahlen von Nüssen und Samen.

In anderen Gebieten begannen die Menschen, ihre Ernährung durch den Anbau von Nutzpflanzen zu sichern. Die Entstehung der Landwirtschaft etwa 1000 v. Chr. kennzeichnet eine neue Entwicklungsphase, in der viele verschiedene Kulturen gediehen.

Keine davon hatte eine Schriftsprache, und leider zerstörten die Einwanderer in Nordamerika im 18. und 19. Jahrhundert zufällig oder absichtlich viele archäologische Spuren.

Über das Leben der amerikanischen Ureinwohner kann man vielfach nur Vermutungen anstellen. Über zwei Gruppen, die Anasazi und die Hopewell, weiß man dennoch eine ganze Menge.

◆ Im 19. Jahrhundert entdeckten Archäologen mehrere Grabhügel der amerikanischen Ureinwohner. Man grub sie vorsichtig aus und fertigte genaue Zeichnungen der Funde an.

◆ *Hopewell und Adena legten in Ohio und Kentucky große Erdhügel an. Manche waren quadratisch oder rund, andere hatten die Form von Tieren. Der beeindruckende Große Schlangenhügel ist 390 Meter lang, mit allen Windungen sind es sogar 500 Meter.*

Die Anasazi

Die Anasazi lebten ab etwa 200 v. Chr. in der halbtrockenen Hochebene von Arizona, New Mexico, Utah und Colorado. Sie bauten ihre großen Wohnanlagen teilweise unterirdisch oder unter schützenden Felsüberhängen. Im Sommer trugen sie kaum mehr als geflochtene Sandalen, die ihre Füße vor Dornen schützten. Für den Winter hatten sie Kleidung aus wärmenden Kaninchenfellen und Federn.

Die Anasazi bauten Dämme, um das wenige Wasser festzuhalten, und in dem Schlamm der so befeuchteten Gebiete bauten sie Mais, Bohnen und Kürbisse an. Außerdem bereicherten sie ihre Nahrung durch das Sammeln wilder Nüsse, Samen und Beeren sowie durch die Jagd nach Wildtieren.

Hirsche und andere große Tiere wurden wohl gebraten, kleinere kochte man in einem Topf zusammen mit Getreide und Gemüse. Archäologischen Hinweisen zufolge wurden sogar Mäuse verzehrt.

Die Hopewell-Kultur

Die Hopewell, die von etwa 200 v. Chr. bis 400 n. Chr. im Bereich von den Großen Seen bis zur Mississippi-Mündung lebten, bauten in Gärten um ihre Häuser herum Mais, Bohnen und Sonnenblumen an. Die Häuser bildeten meist kleine Dörfer.

Die Hopewell handelten in ihrem gesamten Wohngebiet mit Keramik und anderen Waren. Sie bestatteten ihre Toten in Erdhügeln (*Mounds*) mit Grabbeigaben, die man nach ihrem Glauben im nächsten Leben brauchte.

◆ *Diese Entenattrappe aus Schilf fand man in einer Höhle (Lovelock Cave) in Nevada. Vermutlich war sie in eine Vogelhaut mit Federn gehüllt, damit sie echter aussah.*

◆ *In Hopewell-Siedlungen an den Großen Seen fand man Schmuckstücke mit Muscheln aus dem Golf von Mexiko, die vermutlich gegen andere Kunstgegenstände (oben) eingetauscht wurden.*

MITTELAMERIKA UND DIE OLMEKEN

7000 – 400 v. CHR.

Die ersten Bewohner Mittelamerikas lebten von der Jagd; manchen Hinweisen zufolge töteten sie noch um 8000 v. Chr. Mammuts, indem sie sie in Sümpfe trieben und dann mit dem Speer erlegten. Die meisten Tiere, die während der Eiszeit in Mittelamerika gelebt hatten, waren zu jener Zeit aber durch die Klimaveränderungen bereits ausgestorben, und die Menschen ernährten sich vorwiegend von Pflanzen.

Mais, Bohnen, Kürbisse, Avocados, Chili-Schoten und Flaschenkürbisse wurden um 5000 v. Chr. zu Nutzpflanzen und stellten einen wichtigen Teil des Speisezettels dar.

Anfangs lebten die Menschen während der kalten Jahreszeit in Höhlen; seit etwa 2000 v. Chr. bauten sie Häuser, die sich zu Dörfern gruppierten und von Feldern umgeben waren. Obst und Nüsse machten die Ernährung abwechslungsreicher. Man hielt Bienen wegen des Honigs und zähmte Truthähne und Enten als Fleischlieferanten. Schließlich wurden auch Keramik und gewebte Stoffe hergestellt.

◆ *Religiöser Mittelpunkt waren bei den Olmeken die Pyramiden mit einem Tempel darauf.*

◆ *Die Olmeken bauten die Pyramiden in Handarbeit aus Erde und Lehm. Zur Errichtung der Pyramide von La Venta waren nach Schätzungen 800 000 Manntage erforderlich.*

Die Bewohner des Oaxaca-Tals lebten um 1150 v. Chr. in großen Dörfern. Den Reichen gaben sie Spiegel, Muschelschmuck, Ohrringe und Keramik mit ins Grab. Unmittelbar nördlich des Tals von Oaxaca entstand eine weitere eigenständige Kultur.

◆ *Anders als in Europa, Asien und Afrika gab es in Mittelamerika keine großen Tiere, die man zähmen und als Fleischlieferanten verwenden konnte. Deshalb mußte man Getreide anbauen. Man züchtete auch Baumwolle und stellte Kleidungsstücke daraus her.*

Die Olmeken

Die Kultur der Olmeken entwickelte sich um 1200 v. Chr. in einem kleinen Gebiet am Golf von Mexiko. Hier lebten im tropischen Urwald Harpyien (eine Raubvogelart), Kaimane und Schlangen; diese Tiere und der heilige Jaguar waren die Vorbilder für die Götter der Olmeken, die später die Religionen in ganz Mittel- und Südamerika beeinflußten.

Unsere Kenntnisse über die Olmeken stammen zum größten Teil aus der Untersuchung ihrer religiösen Zentren wie San Lorenzo, La Venta und Tres Zapotes. Dort gab es jeweils eine Pyramide mit einem Tempel auf der Spitze sowie Skulpturen und Reliefs von Göttern und Königen.

Grundlage der Wirtschaft war der Ackerbau mit Mais als wichtigster Nutzpflanze. Man aß Fische und Hunde, aber auch Hirsche und Wildschweine.

Um sich Basalt, Obsidian und Jade zu beschaffen, richteten die Olmeken Handelswege ein, über die sich ihr Einfluß ausbreitete. Um 400 v. Chr. verließen sie jedoch die Gegend von La Venta, und von nun an nahm ihre Bedeutung ab.

◆ *Die Olmeken schlugen große Köpfe aus dem Basalt, einem Vulkangestein. Die Kolossalköpfe waren bis zu drei Meter hoch und stellten vermutlich Herrscher dar; sie tragen stets einen Helm, der den Kopfbedeckungen beim heiligen Ballspiel der Olmeken ähnelt.*

◆ Ein Gott der Olmeken war ein Mischwesen aus Mensch und Jaguar. Er wurde immer mit Reißzähnen und einem grimmigen, nach unten gerichteten Maul dargestellt.

Steinfigur des heiligen Jaguars

◆ Die Olmeken schlugen Figuren nicht nur aus Steinblöcken, sondern sie stellten auch solche aus Keramik her. Die Tonfiguren waren oft hohl und dienten als Gefäße. Diese hier fand man in Tlatilco, weit vom Kernland der Olmeken entfernt.

hohle Keramikfigur aus Tlatilco

◆ Das Kernland der Olmeken war nur etwa 200 Kilometer lang und 50 Kilometer breit. Dennoch reichte ihr Einfluß bis in das Hochtal von Mexiko.

◆ Die Olmeken besaßen offensichtlich eine Hieroglyphenschrift. Manche Schriftzeichen kennt man von einer Steinsäule, die in Tres Zapotes gefunden wurde.

Die Stadt Teotihuacan

150 v. Chr. – 600 n. Chr.

Die Wände mancher Tempel waren in Teotihuacán mit steinernen Köpfen geschmückt.

Schon 150 v. Chr. gab es in Teotihuacán in der Nähe von Mexico City eine Siedlung, aber erst im 1. Jahrhundert n. Chr. wurde daraus eine Stadt. Sie entwickelte sich im Umfeld einer Höhle, die für die Bauern der Gegend von religiöser Bedeutung war: Sie glaubten, hier seien Sonne und Mond geboren worden.

Später wurde die Höhle in die Sonnenpyramide einbezogen, die das religiöse Zentrum von Teotihuacán bildete.

Das Stadtzentrum war kunstvoll angelegt. Von Nord nach Süd verlief die 40 Meter breite Straße der Toten, an der die Sonnen- und die Mondpyramide lagen. Oben auf den Pyramidenplattformen befanden sich Tempel, wo Kulthandlungen vollzogen wurden. Die Herrscher lebten in einem gesonderten Bezirk, der Ciudadela.

Die übrige Stadt erstreckte sich über 20 Quadratkilometer und war schachbrettartig angelegt. Man veranlaßte die Menschen, aus dem Umland in die Stadt zu ziehen, und um 500 n. Chr. hatte sie etwa 200 000 Einwohner. Die ärmsten von ihnen wohnten in Lehmziegelhütten, aber die meisten Handwerker, Bauern und Kaufleute lebten mit ihren Angehörigen in einstöckigen Häusern mit mehreren, um einen Innenhof angeordneten Räumen.

Die Adligen von Teotihuacán trugen Nasenanhänger und Ohrringe wie diese Maske.

Alltagsleben

Die Werkstätten stellten Keramik, Geräte und Waffen aus Obsidian, verzierte Muschelschalen und polierte Steine wie Onyx und Jade her. Diese Waren tauschte man gegen Jade, Flintstein und Roteisenstein aus dem Norden sowie Muschelschalen von der Pazifikküste, Kopalharz (eine

Art süß duftenden Weihrauch) vom Golf von Mexiko und die grünen Federn des Quetzals (eines Vogels) von den Mayas.

Die Bewohner des Tals von Teotihuacán bewässerten das Land und trieben Ackerbau. Salz, Fische und Wasservögel lieferten die umgebenden Seen, und auch Steinbrüche gab es.

Die einzigen schriftlichen Überlieferungen von Teotihuacán sind Daten auf Kalendern; Schriftstücke sind nicht erhalten. Deshalb wissen wir nichts Näheres über die Herrscher und über den großen Brand, der die Stadt etwa 750 n. Chr. zerstörte.

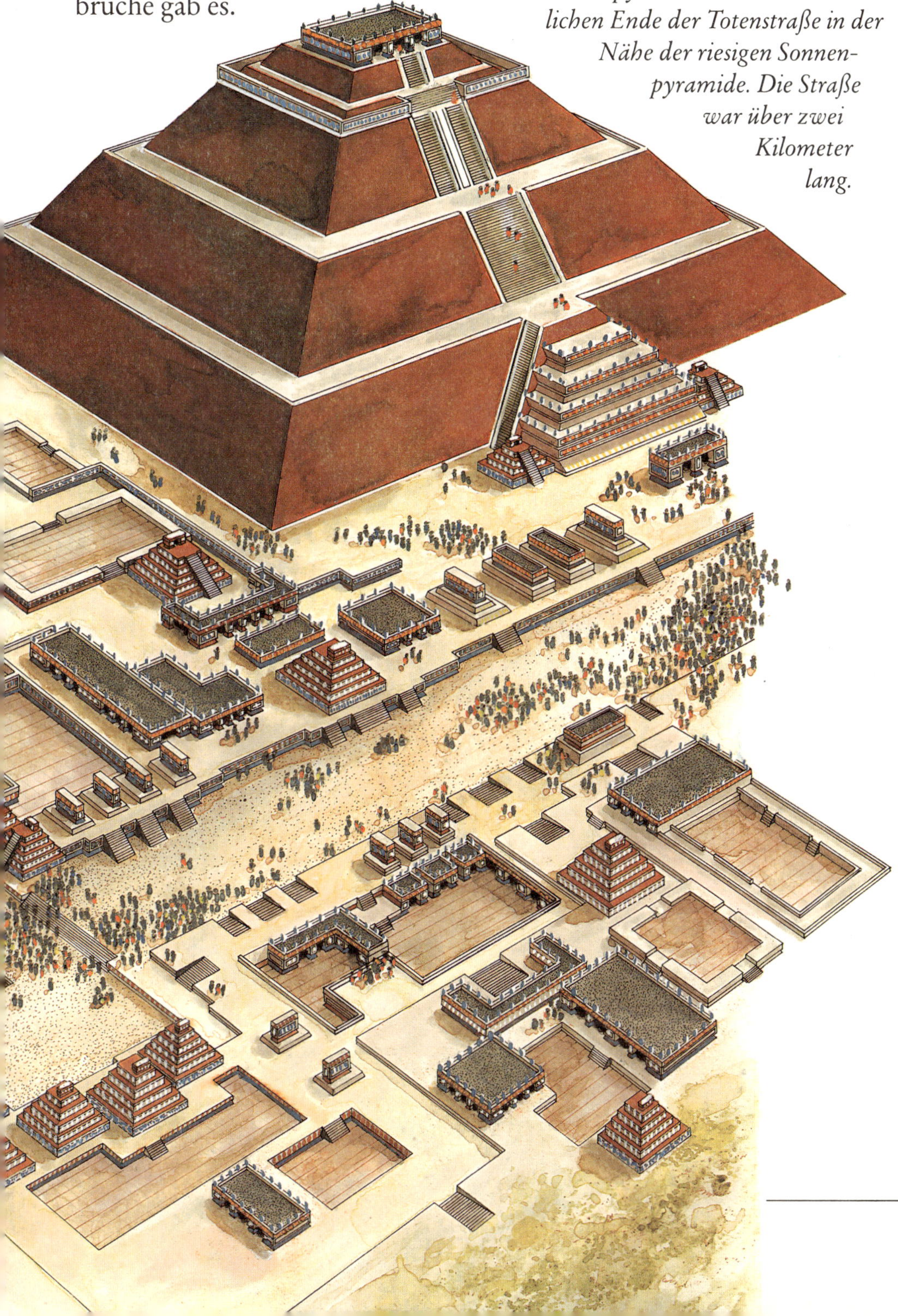

◆ *Die Mondpyramide stand am nördlichen Ende der Totenstraße in der Nähe der riesigen Sonnenpyramide. Die Straße war über zwei Kilometer lang.*

◆ Aus den Vulkanbergen im Norden und Osten gelangte Obsidian nach Teotihuacán. Er wurde zerschlagen und zu messerscharfen Werkzeugen verarbeitet.

Pfeilspitze und Schaber aus Obsidian

◆ Die Bewohner von Teotihuacán bauten Kakteen als Nutzpflanzen an. Aus den Fasern stellten sie Fäden her, die man zu Stoffen weben konnte. Auch ein berauschendes Getränk gewann man aus Kakteen.

Tlaloc

◆ Zu den Göttern von Teotihuacán gehörten der Regengott Tlaloc, seine Gefährtin Chalchihiutlicue, die Regengöttin, und Quetzalcoatl, die gefiederte Schlange. Diese Keramikplatte zeigt Tlaloc mit einem kunstvollen Kopfschmuck.

DIE KULTUR DER MAYAS

300 v. Chr. – 600 n. Chr.

Schon ca. 2000 v. Chr. lebten die Mayas im Urwald des heutigen Yucatán, Guatemala, Belize und Honduras. In vollem Umfang entwickelte sich ihre Kultur etwa seit 300 v. Chr., als sie die ersten Städte aus Stein errichteten.

Die Städte waren jeweils unabhängige Staaten; einen Gesamtherrscher gab es nicht. Man baute auch keinerlei Verteidigungsanlagen, und deshalb hielten Archäologen und Historiker die Mayas anfangs für ein friedliebendes Volk. Als man aber in den fünfziger Jahren ihre Schrift entziffert hatte, zeigte sich, daß sie oft untereinander Krieg führten. Die Sieger verlangten Tribut von den Besiegten und nahmen auch Gefangene.

Jede Stadt war ein politisches und religiöses Zentrum, das sich um einen Komplex mit Tempeln, Plätzen, Ballspielfeldern und Palästen gruppierte. Manche Überreste zeigen den Einfluß von Teotihuacán, zum Beispiel Tempel, die auf pyramidenähnlichen Podesten stehen.

Die Städte hatten bis zu 50 000 Einwohner – Adlige, Priester, Herrscher, Beamte und ihre Diener. Alle anderen lebten auf Bauernhöfen und bauten Mais, Chili-Schoten, Bohnen, Kürbisse und Wurzelgemüse an. In die Stadt kamen sie nur an Markttagen oder zu religiösen Festen.

Handwerk und Handel

Ein Straßennetz im Urwald förderte den Handel zwischen den Städten und auch über die Grenzen des Mayareiches hinaus. Manche Waren kamen auf dem Seeweg in die Häfen der Halbinsel Yucatán.

◆ Die meisten Mayas lebten als Bauern in kleinen Dörfern. Sie bauten Nutzpflanzen an und bereicherten ihre Ernährung mit Fischen, die sie in Reusen fingen, sowie mit Hirschen und anderen Tieren, die sie im Wald jagten.

◆ *Viele Mayastädte entstanden in gerodeten Urwaldgebieten. Wenn sie später verlassen wurden, eroberte der Dschungel die Ruinen zurück; deshalb blieben viele von ihnen bis heute erhalten.*

Die Handwerker stellten Perlen, Anhänger und Figuren aus Jade her. Sie bearbeiteten Perlmutt sowie Obsidian und andere Steine und fertigten Tongefäße an. Gräber und Tempel waren mit Wandmalereien geschmückt.

Die Religion

Die Mayas beteten Naturerscheinungen wie Regen und Wind an. Ihre Priester leiteten aus der Beobachtung von Sonnc, Mond, Sternen und Planeten einen Kalender ab, mit dem sie eine Mond- oder Sonnenfinsternis vorhersagen konnten. Außerdem entwickelten sie auf der Grundlage der Zahl 20 ein Rechensystem mit nur drei Symbolen: einem Punkt für die Zahlen bis 4, einem Strich für die 5 und einem runden Zeichen für die Null. Dadurch konnte mit sehr hohen Zahlen gerechnet werden.

Die Religion verlangte manchmal Opfer; zu diesem Zweck tötete man meist besiegte Feinde, die man gefangengenommen hatte.

◆ *Die Männer der Mayas spielten auf großen Spielfeldern vor den Tempeln ein Ballspiel. Dabei schlugen sie den Ball mit Ellenbogen, Oberschenkeln und Hüften.*

Spielfeldmarkierung

◆ Mit solchen Markierungen grenzte man das Spielfeld für das heilige Ballspiel ab. Die Regeln kennen wir nicht, aber bekanntermaßen wurde manchmal eine ganze Mannschaft geopfert.

◆ Die Hieroglyphen der Mayas wurden entweder in große Steine gehauen oder aber mit einer Art Tinte in Bücher aus Rindenblättern geschrieben. Manche dienten auch als Kennzeichen für Städte oder Herrscher.

◆ Eines der wichtigsten religiösen Zentren war der Tempel von Palenque. Priester oder Beamte wie der hier dargestellte beteten zu den Göttern und vollzogen verschiedene Rituale. Wahrscheinlich brachten sie auch Menschenopfer dar.

Steinstatue eines Priesters oder Beamten

DIE KULTUREN SÜDAMERIKAS

1200 V. CHR. – 600 N. CHR.

Einige der ersten Dörfer in Südamerika lagen an der nordperuanischen Küste. Hier bauten bäuerliche Gemeinschaften Mais, Pfeffer, Bohnen und Süßkartoffeln an. Auch die Jagd trug zur Ernährung bei. Möglicherweise hielt man auch kleine Lama- und Alpakaherden.

Um 1200 v. Chr. tauchte weiter im Landesinneren eine höher entwickelte Kultur auf: die Chavín-Kultur, so genannt nach dem Ort Chavín de Huantar, wo man sie entdeckte. Auch diese Zivilisation gründete sich auf Ackerbau, Fischfang und die Jagd.

Chavín de Huantar erlebte zwischen 850 und 200 v. Chr. seine Blütezeit. Die Stadt umgab einen Tempelkomplex, der auf einem steinernen Hügel erbaut war. Im Inneren des Hügels gab es Gänge und Räume, in denen Götterstatuen standen; die größte davon war etwa 4,50 Meter hoch. Sie hatte große Reißzähne und Schlangen als Haare. Andere Götter waren halb Mensch, halb Tier – deshalb findet man auch Darstellungen von Jaguaren, Adlern, Schlangen und Kaimanen.

Die Handwerker verzierten mit solchen Bildern ihre Keramik und andere Gegenstände aus Holz, Perlmutt, Gold und Silber. Die gleichen Darstellungen, eingewebt oder aufgemalt, findet

◆ *Im Pyramidenkomplex von Huaca Rejada entdeckte man 1987 die Gräber von zwei Kriegerpriestern der Moche-Kultur.*

◆ *Eine Skulptur aus Moche; man erkennt den Kopfschmuck der Männer. Die vielgestaltige Keramik der Moche-Kultur sagt eine Menge über die Lebensweise, z.B. über die Konstruktion der Wohnhäuser.*

◆ *Ein Bildhauer aus Chavín schuf dieses Steingefäß und gab ihm die Form eines Tiers. Körper und Gesicht sind mit geometrischen Mustern verziert.*

man auch auf vielen Woll- und Baumwollstoffen.

Etwa seit 200 v. Chr. ging der Einfluß von Chavín zurück, und zwei weitere Kulturen entstanden.

Nazca und Moche

Weiter im Süden schufen die Nazca rätselhafte Bilder in der Landschaft; außerdem stellten sie Textilien und bemalte Keramik her.

Weiter nördlich bauten die Bewohner von Moche aus sonnengetrockneten Lehmziegeln ganze Städte und religiöse Stätten. Ihre Sonnenpyramide war 350 Meter lang und 40 Meter hoch. Durch Bewässerung der Wüste konnten sie mehr ernten, und durch kriegerische Eroberung weiteten sie ihr Gebiet aus. Um 600 n. Chr. schwand jedoch die Macht von Nazca und Moche.

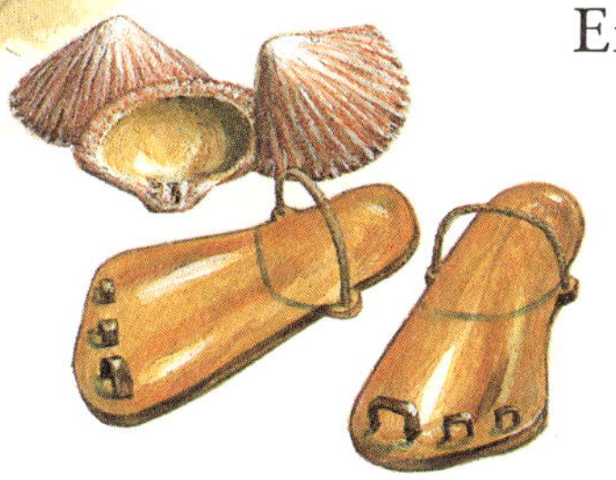

◆ Die Kriegerpriester wurden mit ihren geopferten Dienern bestattet. Als Grabbeigaben hat man Keramik und Gegenstände aus Gold, Silber, Türkis, Lapislazuli und Perlmutt gefunden.

◆ Die Nazca schufen in der Wüstenlandschaft Perus riesige Umrisse von Figuren, z.B. einen Affen, eine Spinne, einen Wal und einen Kolibri. Wozu sie dienten, ist ein Rätsel.

◆ Ohrringe waren in diesem Teil Südamerikas als Schmuck sehr beliebt. Auch manche Männer trugen sie, zusammen mit Nasenschmuck, Halsbändern und Armreifen. Diese Figur war Teil eines Ohrrings. Sie ist hier leicht vergrößert abgebildet, damit man die Kunstfertigkeit der damaligen Handwerker erkennt. Die Figur besteht aus Gold, Halbedelsteinen und Perlmutt.

Detail eines Ohrrings

◆ Das Lama war ein äußerst nützliches Tier. Es lieferte Milch, Fleisch, Wolle und Leder. Außerdem konnte man es als Lasttier benutzen. Sein Fett diente als Lampenöl, und den Kot konnte man verbrennen oder zur Düngung der Kartoffeln verwenden.

◆ Die Keramik der Nazca war häufig mit wilden Gesichtern verziert, die die Zunge herausstreckten. Die Gestalt auf diesem Gefäß entstammt der örtlichen Mythologie.

Nazca-Gefäß

◆ *Das Diprotodon, ein großes Beuteltier, das früher in Australien lebte.*

◆ *Ayers Rock, eine heilige Stätte der Aborigines.*

OZEANIEN

Wie der Name schon sagt, besteht Ozeanien vor allem aus Meer mit vielen darin verstreuten Inselgruppen. In der Eiszeit vor 55 000 Jahren gab es dort aber zwei große Landmassen: Die nördliche verband die japanischen Inseln mit der Ostküste Chinas und erstreckte sich von Korea und Indochina bis nach Sumatra, Java, Borneo und den Philippinen. Im Süden war Australien mit Tasmanien und Neuguinea verbunden.

Als diese Landmassen ihre größte Ausdehnung hatten, war das Meer zwischen Asien und Australien höchstens 60 Kilometer breit. Es zu überqueren, war zwar schwierig, aber mit einem robusten Kanu oder Floß durchaus möglich; auf diesem Weg kamen vermutlich die ersten Menschen nach Australien.

Die meisten Inseln waren erst um 400 n. Chr. besiedelt. In Neuseeland ließen sich sogar erst um 800 n. Chr. die ersten Menschen nieder.

◆ *Statue des polynesischen Gottes Tangaroa Upao Vahu.*

Die Ureinwohner Australiens

53 000 v. Chr. – 600 n. Chr.

Die Besiedelung Australiens erfolgte von Asien aus und vermutlich in mehreren Wellen. Die ersten Menschen waren Jäger und Sammler und ließen sich an der Küste sowie in den Tälern der großen Flüsse nieder, wo es reichlich Nahrung gegeben haben dürfte.

Zur australischen Tierwelt jener Zeit gehörten Riesenkänguruhs, kleinere Känguruhs und das Diprotodon, ein Riesenwombat, das bis zu zwei Tonnen wog. Nach den bisherigen Erkenntnissen haben die Menschen diese großen Tiere nicht erlegt und gegessen. Aale und Muscheln waren reichlich vorhanden, und als eßbare Pflanzen fanden sich unter anderem wilde Hirse und eine Art von Yamswurzeln.

Diese frühen Siedler waren die Aborigines. Sie wohnten in Höhlen unter Felsüberhängen und stellten Werkzeuge und Waffen aus Stein und Knochen her. Die dazu notwendigen Steine lagen wohl meist an der Erdoberfläche, aber an der Südküste schlug man den Flintstein auch in der 305 Meter langen Koonalda-Höhle. Die Aborigines schufen auch die ältesten Felsbilder der Welt: Vor etwa 45 000 Jahren meißelten sie wirbelartige Muster in den Fels.

Wanderung ins Landesinnere

Als das Eis schmolz und der Meeresspiegel stieg, versanken die Landbrücken langsam im Ozean. Um 5000 v. Chr. wurde Tasmanien vom australischen Festland abgeschnitten, das seinerseits nun durch einen breiteren Meeresabschnitt von der übrigen Welt getrennt war. Auch tiefgelegene Küstenregionen wurden überflutet; die Menschen zogen weiter ins Landesinnere und paßten sich an das immer trockenere Klima an.

Viele von ihnen suchten als Nomaden nach Nahrung, aber in Gegenden, wo die Wasserversorgung gesichert war, wurden einige auch seßhaft. Sie wohnten

◆ *Zur frühen australischen Kunst gehören Felszeichnungen, manche davon im* Röntgenstil. *Sie zeigen Knochen und innere Organe von Tieren.*

◆ *Nachts sammelten sich die Menschen und ihre Hunde um das Feuer, wo man auch das Essen briet oder in einer Lehmhülle garte. Das Feuer spendete Licht und Wärme; außerdem schreckte es wilde Tiere ab.*

◆ *Zur Jagd verwendeten die Aborigines den Bumerang. Er wurde aus Hartholz geschnitzt und war so geformt, daß er zum Werfer zurückkehrte, wenn er sein Ziel, den Hals oder Kopf des Beutetieres, verfehlte. Auch lange Speere dienten als Jagdwaffen.*

nun nicht mehr in vorübergehenden Behausungen, sondern in runden Steinhäusern. Landwirtschaft gab es noch nicht, denn die Natur bot alles Notwendige.

Man verzierte weiterhin die Felsen mit gemalten und gemeißelten Bildern, die oft mit der Religion zu tun hatten.

Die Aborigines glaubten, die Welt sei in einer „Traumzeit" von den Vorfahren erschaffen worden. Als die Welt fertig war, seien die Vorfahren in die Erde zurückgekehrt, aber sie hätten ihre Geister hinterlassen.

Die Wohnorte der Vorfahren waren heilig, und jeder Stamm hatte eigene heiligen Stätten. Dort versammelten sich zu bestimmten Zeiten mehrere hundert Menschen, um die Ernte der wild wachsenden Nahrungsmittel zu feiern. Die Aborigines betrachteten sich selbst als Eigentum des Landes, und nicht umgekehrt.

◆ Zu den wichtigsten Fleischlieferanten gehörten kleinere Känguruhs, aber die Aborigines aßen auch Raupen, Schmetterlinge, Fledermäuse und Schildkröteneier.

Känguruhs

◆ Der Besitz der Aborigines war gering. Außer ihren Waffen wie Speere, Speerschleudern, Keulen und Bumerangs besaßen sie nur wenige Geräte: Grabstöcke, flache Holz- oder Rindengefäße und Steinmörser, Netze und Körbe. Die Töpferei war unbekannt.

Speerschleuder

◆ Die Jäger der Aborigines verwendeten damals häufig die Speerschleuder. Der lange Schaft bestand aus geglättetem Holz, die Spitze stellte man aus Flint oder einem anderen harten, scharfen Stück Stein her.

Die Völker der pazifischen Inseln

1800 v. Chr. – 600 n. Chr.

◆ *Die ersten Seefahrer erreichten die polynesischen Inseln vermutlich mit solchen Katamaranen, zwei verbundenen Kanus, die Menschen, Tiere und Pflanzen tragen konnten. Auf der Reise ergänzten sie ihren Speisezettel wahrscheinlich mit Fischen; die Angelschnüre ließen sie einfach während der Fahrt ins Wasser hängen.*

Von etwa 1800 v. Chr. an ließen sich Menschen über etwa 3000 Jahre hinweg auf den kleineren Inseln im Pazifik nieder; die großen Inseln Indonesiens, Neuguineas und des westlichen Melanesien wurden aber schon früher besiedelt, nämlich ungefähr zu der Zeit, als die Menschen auch nach Australien einwanderten. Die Inselbewohner waren meist Fischer und Bauern; sie kultivierten Bananen, Yamswurzel, Wasserbrotwurzel, Sago, Kokosnüsse und Brotbäume, die alle ursprünglich wild vorkamen. Außerdem hielten sie Schweine und Hühner wegen des Fleisches und möglicherweise auch schon Hunde als Haustiere.

Um 1800 v. Chr. konnte man in Indonesien bereits große Kanus bauen, mit denen man in der Lage war, weite Strecken zu segeln oder zu rudern. Die Menschen wußten, wie sie sich auf dem Meer an Sternen und Strömungen orientieren konnten. Mit diesen Kenntnissen gingen die Sippen daran, neue Gebiete zu entdecken.

Sie nahmen Proviant sowie Tiere, Pflanzen und Samen mit, so daß sie an geeigneten Stellen sofort mit der Landwirtschaft beginnen konnten. Zunächst besiedelten sie die zahlreichen Inseln Mikronesiens unmittelbar nördlich des Äquators, wie die Marianen, Karolinen und die Marshallinseln.

Manche Inseln dieser Region wurden wahrscheinlich auch von den Philippinen aus besiedelt. Bis 1300 v. Chr. hatten die Siedler aus Indonesien auch die östlichsten melanesischen Inseln erreicht.

Die Inselwelt, die man heute Polynesien nennt, verteilt sich über 20 Millionen Quadratkilometer, und 99 Prozent davon sind Wasser. Die westlichsten Inseln wurden um 1500 v. Chr. von dem Volk der Lapita von Osten her besiedelt. Die Lapita stellten schöne Keramik, Stein-

Nahrungsmittel
Die meisten Inseln, die zu jener Zeit besiedelt wurden, hatten ein ähnliches Klima wie die Herkunftsländer der Siedler. Deshalb konnten die mitgebrachten Pflanzen und Tiere in der neuen Umgebung gedeihen. Diese vier Nahrungsmittel werden noch heute auf den Inseln angebaut.

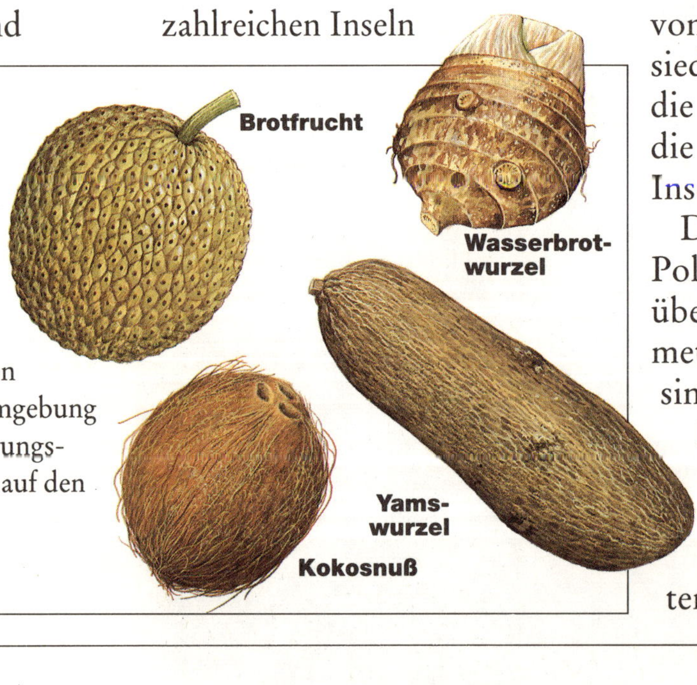

werkzeuge sowie Schmuck und Angelhaken aus Perlmutt her.

Bis 1000 v. Chr. hatte sich die Kultur der Lapita nach Osten bis Tonga und Samoa ausgebreitet, und von dort aus suchte man nun nach Inseln im übrigen polynesischen Dreieck. Etwa 300 v. Chr. wurden die Gesellschafts- und die Marquesas-Inseln besiedelt, ein Jahrhundert später folgte die Osterinsel, der südöstlichste Punkt. Hawaii am Nordende des Dreiecks erreichten die Menschen etwa 500 n. Chr., Neuseeland im Südwesten wurde sogar erst um 800 n. Chr. besiedelt.

Die Bewohner der Inseln lebten in Dorfgemeinschaften und trieben untereinander, aber auch mit anderen Inseln regen Handel. Besonders beliebt waren bunte Federn, beispielsweise die des Paradiesvogels; man verzierte damit die Kleidung einflußreicher Personen. Auf jeder Insel entstand ein eigener Stil der Holz- und Steinbearbeitung. Die Kenntnis der Metallbearbeitung verbreitete sich nur bis Neuguinea. Die Inselbewohner stellten Werkzeuge weiterhin aus Stein, Holz, Knochen und Muschelschalen her.

Etwa ab 100 n. Chr. verschwindet die Keramik in den archäologischen Stätten, vermutlich weil viele natürliche Behälter wie Kürbisse und Kokosnußschalen zur Verfügung standen. Vielleicht lag es auch daran, daß man das Essen nun nicht mehr in Töpfen über dem Feuer, sondern in unterirdischen Erdöfen zubereitete.

◆ Die Inselbewohner aßen Fleisch und tranken die Milch der Kokosnüsse, deren leere Schalen dann als Gefäße dienten. Aus dem Holz der Kokospalmen machten sie Pfosten für Häuser und Brücken, und die Dächer wurden mit Kokospalmblättern gedeckt. Die Fasern der Kokosnüsse dienten, zerkleinert und verdreht, zur Herstellung von Seilen und Schnüren.

polynesisches Haus

◆ Die Häuser bestanden auf den Pazifikinseln meist aus einem Holzgerüst und waren mit Palmblättern gedeckt. Manchmal hatten sie ein Steinfundament, aber in feuchten Gebieten errichtete man sie auf einem Holzrahmen über dem Wasser.

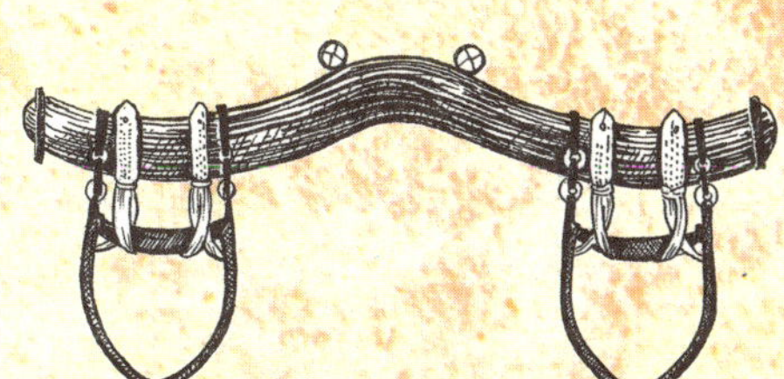

Rinderjoch

◆ Pferde gab es auf den Pazifikinseln nicht. Als Zugtiere für Wagen und Pflüge dienten deshalb Kühe und Ochsen.

◆ *Diese Keramikscherben fand man auf den Santa-Cruz-Inseln. Sie wurden von Angehörigen der Lapita-Kultur hergestellt und stammen ungefähr von 1100 v. Chr. Die eingeprägte Verzierung zeigt Muster und ein Gesicht.*

VIELE INSELN, VIELE KULTUREN

Die Pazifikinseln sind in Form, Größe und Landschaft sehr unterschiedlich. Auf manchen gibt es hohe Berge und steile Klippen, andere sind flach mit Sandstränden und Lagunen. Einige, zum Beispiel Hawaii, besitzen sogar aktive Vulkane. Solche Unterschiede beeinflußten natürlich das Leben der Bevölkerung, so daß sich im Laufe der Jahrhunderte sehr unterschiedliche Kulturen entwickelten.

Dennoch blieben auch viele Ähnlichkeiten. Es gab zum Beispiel keine Schrift, das Wissen wurde vielmehr mündlich von Generation zu Generation überliefert. Viele Kunstwerke wurden darüber hinaus aus organischem Material hergestellt, so aus Holz, Rinde und Blättern, die in dem warmen, feuchten Klima der meisten Inseln schnell verwesten. Aus diesen beiden Gründen ist es schwierig, Einzelheiten über die frühen Kulturen der Pazifikinseln zu erfahren; immerhin weiß man etwas über die Religion und über die Namen mancher Götter; der Hauptgott der Polynesier hieß zum Beispiel Tangaroa Upao Vahu.

STEINSTATUEN

Auf einigen Inseln hat man Marae ausgegraben, das sind mit Steinen gepflasterte Plätze, auf denen vermutlich religiöse Zeremonien abgehalten wurden.

Der berühmteste dieser Plätze befindet sich auf der Osterinsel. Die Kultstätte war von riesigen Steinfiguren umgeben, die ursprünglich Menschen von der Hüfte an aufwärts darstellten; viele von ihnen wurden aber bis zum Hals zugeschüttet, so daß man nur noch die Köpfe erkennt. Es sind Darstellungen der Vorfahren, die vermutlich religiöse Bedeutung hatten.

◆ *Die rätselhaftesten archäologischen Funde Polynesiens sind die etwa 1000 riesigen Steinfiguren auf der Osterinsel. Sie wurden aus dem weichen Vulkangestein gehauen und wiegen jeweils etwa 50 Tonnen. Wahrscheinlich wurden sie schon im Steinbruch in ihre jetzige Form gebracht. Anschließend transportierte man sie mit einem Holzschlitten auf Rollen aus Baumstämmen an die Stelle, wo sie aufgestellt wurden. Zum Aufrichten benutzte man Seile und Hebel.*

Glossar der Sachbegriffe

Erklärung archäologischer Fachausdrücke, die in diesem Buch vorkommen

Archäologie ◆ Altertumskunde, Erforschung untergegangener Kulturen.

Artefakt ◆ Von Menschen hergestellter Gegenstand.

Bankgrab ◆ Mastaba. Altägyptisches Grab mit schrägen Seitenflächen und flacher Spitze.

Barde ◆ Bei den Kelten Dichter und Geschichtenerzähler, der oft auch sang.

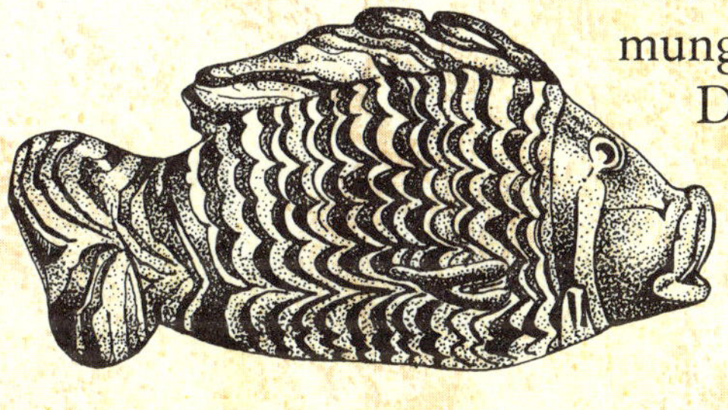

fischförmige Flasche, Artefakt aus Ägypten

Bilderschrift ◆ Schrift mit Symbolen auf der Grundlage einfacher Bilder statt Buchstaben. Hieroglyphen bilden eine Bilderschrift.

Chronologie ◆ Zeitliche Einordnung von Ereignissen in der richtigen Reihenfolge.

Delta ◆ Dreieckiges Gebiet an Flußmündungen. Meist sumpfig, fruchtbar und mit reichhaltigem Tier- und Pflanzenleben.

Dendrochronologie ◆ Methode zur Altersbestimmung von Holz. Man untersucht die Jahresringe und vergleicht sie mit denen eines anderen Stücks, dessen Alter man kennt. Auf diese Weise kann man das Alter erschließen.

domestizieren ◆ Allmähliche Umwandlung von Wildtieren zu Haustieren durch Zähmung und Züchtung. Das älteste Haustier des Menschen ist der Hund, der sich aus dem Wolf entwickelte.

Dynastie ◆ Herrscherfamilie oder Herrscherhaus. Die Macht wird jeweils an Familienangehörige weitergegeben.

Evolution ◆ Entwicklung der Lebewesen seit dem Beginn des Lebens.

Flachs ◆ Pflanze mit blauen Blüten. Die Fasern aus ihrem Stamm kann man zu Leinen verspinnen, aus dem man dann Stoffe webt.

Flaschenkürbis ◆ Große Frucht; wenn man das Fruchtfleisch herausgeschabt hat, kann man die Schale trocknen und als wasserdichtes Gefäß verwenden.

Flint ◆ Glattes, hartes Gestein; läßt sich durch Schläge mit anderen Steinen zu scharfkantigen Schneid- und Schabewerkzeugen formen.

Fossil ◆ Erhaltene Überreste von Pflanzen oder Tieren früherer Zeiten; die Konservierung erfolgte meist durch Einlagerung von organischem Material.

Fresko ◆ Wandmalerei auf feuchtem Putz, die dann mit dem Putz trocknet. Die Malerei ist ein Teil der Wand.

Geologie ◆ Wissenschaft von Gesteinen und Mineralien.

Grabbeigaben ◆ Gegenstände (z.B. Schmuck, Waffen oder Lebensmittel), die man Verstorbenen für den Weg ins Jenseits mit ins Grab gab.

Grabstock ◆ Spitzer Stab zum Lockern des Bodens vor dem Säen.

Inkarnation ◆ Wiedergeburt; Übergang der Seele eines Verstorbenen in einen anderen Menschen oder ein Tier.

interpretieren ◆ Etwas anhand von Indizien erklären.

Invasion ◆ Einmarsch von Kriegern in ein fremdes Land.

Kastensystem ◆ Gesellschaftssystem der Hindus auf der Grundlage eines Systems der Arier. Die Menschen gehörten von Geburt an zu bestimmten Klassen und konnten an dieser Zugehörigkeit nichts ändern.

Katarakt ◆ Stromschnelle oder Wasserfall. Der Nil bildet beim Durchbrechen des nubischen Gebirges insgesamt sechs gewaltige Katarakte.

Kettenhemd ◆ Panzerhemd aus Eisenringen.

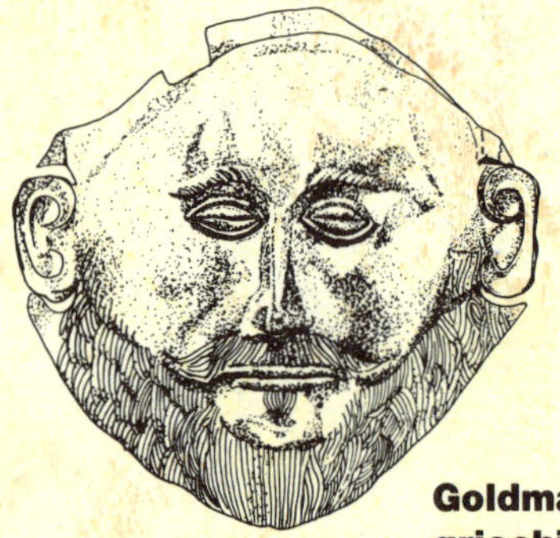

Goldmaske, griechische Grabbeigabe

Kult ◆ Verehrung einer Gottheit oder einer Person.

Labyrinth ◆ System unterirdischer Gänge mit Windungen und Sackgassen, in dem man sich kaum zurechtfindet.

Luftziegel ◆ ziegelähnliches Baumaterial aus Lehm, der in der Sonne getrocknet wird.

Menhir ◆ großer, einzeln und senkrecht stehender Stein. In der Bretagne gibt es viele Menhire, und der Name bedeutet auf bretonisch „langer Stein".

Monsunwinde ◆ Winde im Indischen Ozean, die im Sommer stets von Südwesten und im Winter von Nordosten wehen.

Mosaik ◆ Bild oder Muster aus vielen kleinen farbigen Steinen.

Mounds ◆ Erdhügel in verschiedenen Formen, die die Ureinwohner Nordamerikas als Grabhügel oder Kultstätten errichteten.

Mumie ◆ Auf natürliche Weise, z.B. Austrocknung, oder künstliche Art vor Verwesung bewahrter Leichnam. Die Ägypter mumifizierten die Leichen ihrer Pharaonen durch Einbalsamieren und Einbinden in Tücher.

Myrrhe ◆ Wohlriechendes Harz des arabischen Myrrhestrauches.

winziges Mosaik auf einem Ohrring aus Südamerika

Mythos ◆ Sage aus alter Zeit, die von Generation zu Generation überliefert wird, oft zur Erklärung natürlicher oder historischer Vorgänge.

Nomarch ◆ Herrscher einer der 42 Provinzen des alten Ägypten. Er führte die Wünsche des Pharaos aus und regierte das Volk.

Notgrabung ◆ Ausgrabungen, die in sehr kurzer Zeit vorgenommen werden müssen, meist weil die Stelle für Bauarbeiten gebraucht wird.

Obsidian ◆ Dunkles Vulkangestein, das dickem Glas ähnelt. Eignet sich zur Herstellung scharfkantiger Messerschneiden. Große Stücke kann man auch polieren und dann als Spiegel verwenden.

Ökologie ◆ Wissenschaft von den Beziehungen der Lebewesen untereinander und mit ihrer Umwelt.

Orakel ◆ Weissagung über Zukünftiges oder Rat in einer Entscheidungssituation.

Palisade ◆ Kräftiger Zaun aus angespitzten, dicht nebeneinanderstehenden Holzpfählen.

Papyrus ◆ Eine Art Schilf am Nilufer. Aus dem Mark seines Stammes stellte man Blätter zum Schreiben her.

Pemmikan ◆ Fleischstreifen, die durch Trocknen haltbar gemacht wurden. Zum Essen kann man sie kleinschneiden und mit zerlassenem Fett mischen.

Pfahlloch ◆ Loch im Boden an einer Stelle, an der früher ein Stützpfeiler für ein Gebäude oder einen Zaun stand. Auch wenn das Holz längst verwest ist, hat der Boden an solchen Stellen oft eine andere Beschaffenheit als in der Umgebung.

Phalanx ◆ Geschlossene Schlachtreihe, die die Krieger im Kampf einnehmen.

Presse ◆ Gerät, in dem man Weintrauben oder Oliven zerquetscht, um den Saft oder das Öl zu gewinnen.

Radiokarbonmethode ◆ Verfahren zur Altersbestimmung organischen Materials. Lebewesen nehmen Kohlenstoff auf, darunter auch den radioaktiven Kohlenstoff-14. Wenn das Lebewesen stirbt, nimmt es keinen Kohlenstoff mehr auf, und das C-14 zerfällt. Da man die Geschwindigkeit des Zerfalls kennt, kann man den Todeszeitpunkt durch Messung der Menge an Kohlenstoff-14 bestimmen.

Satrapen ◆ Herrscher der 20 Provinzen des persischen Reiches. Sie mußten umfangreichen Tribut an den Palast in Persepolis zahlen.

Schlick ◆ Feine Bodenpartikel, die mit den Flüssen transportiert werden.

Schutzwall ◆ Erdwall zum Schutz einer Stelle, beispielsweise einer Befestigung.

Stele ◆ Freistehender Pfeiler aus Stein, der als Inschrifttafel oder Grabstein aufgestellt wird.

Stilvergleich ◆ Methode zur Altersbestimmung von Gegenständen durch Vergleich mit ähnlichen Objekten bekannten Alters.

Subarktis ◆ Klimazone am Polarkreis.

Symbol ◆ Erkennungszeichen oder Sinnbild. Das Kreuz ist das Symbol für das Christentum; der Davidstern symbolisiert das Judentum.

Terrakotta ◆ Material aus Lehm und Sand, das man im Brennofen härten kann. Aus Terrakotta machte man Gefäße und Statuen.

Thermolumineszenz ◆ Eine Methode zur Altersbestimmung von Keramik, die in einem Ofen gebrannt wurde.

Toga ◆ Römisches Kleidungsstück aus einem Stück Stoff, das um den Körper geschlungen wurde.

Tribut ◆ Geld oder Waren, die meist ein besiegtes Volk an den Eroberer zahlen mußte.

Trireme ◆ Griechisches Holzschiff mit drei übereinanderliegenden Reihen von Rudern auf jeder Rumpfseite.

Tundra ◆ Fast baumlose Landschaft der Polargebiete. Der Boden ist bis auf die obersten Zentimeter ständig gefroren, so daß nur wenige Pflanzen gedeihen.

Völkerwanderung ◆ Wanderzüge der germanischen Völker im 2. bis 6. Jahrhundert.

Weltwunder der Antike ◆ Sieben Bauwerke, die griechische Schriftsteller im 2. Jahrhundert v. Chr. als Weltwunder nannten: Die Cheopspyramide in Gizeh, die hängenden Gärten von Babylon, die Zeusstatue in Olympia, der Dianatempel in Ephesos, das Mausoleum von Halikarnassos, der Koloß von Rhodos und der Leuchtturm von Alexandria. Heute ist nur die Pyramide erhalten.

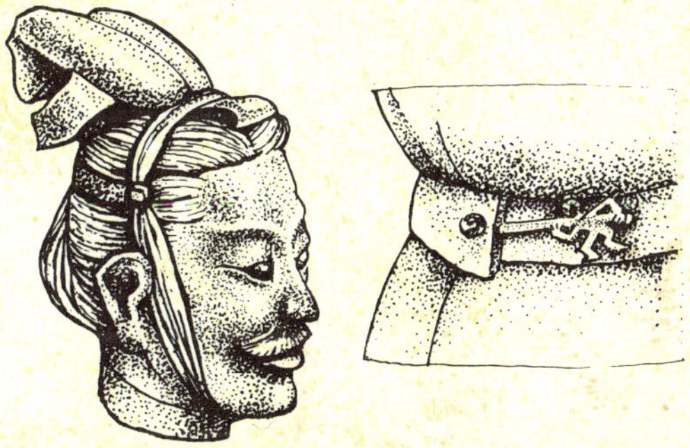

Teile der Terrakotta-Armee im Grab von Shi Huang-ti (China)

Zugtier ◆ Tier, das schwere Lasten wie Wagen, Schlitten oder einen Pflug ziehen kann.

AMERIKA

v. Chr.

50 000-35 000 ◆ Erste Menschen wandern über die Eiszeit-Landbrücke aus Asien ein.
13 000 ◆ Bluefish Cave, die älteste bekannte Wohnstätte im Yukongebiet, wird besiedelt.
11 000 ◆ Monte Verde, ein Dorf im Süden Chiles, gedeiht.
10 000 ◆ Mit dem Rückzug der Vereisung werden neue Siedlungen gegründet.
8000 ◆ Erste bekannte Totenbegräbnisse in Nordamerika.
7000 ◆ Beginn des Ackerbaus im Tal von Tehuacán (Mexiko)
6300 ◆ Kartoffelanbau in Peru.
5000 ◆ Maisanbau in Mexiko.
5400 ◆ Zucht von Lamas und Alpakas in Peru.
3500 ◆ Baumwollanbau in Peru, Herstellung von Stoffen, Fäden und Fischernetzen.
3372 ◆ Beginn des Mayakalenders.
2800 ◆ Erste Dörfer im Amazonasgebiet. Ackerbau auf kleinen, gartenähnlichen Feldern.
1500 ◆ Bau von Steintempeln in Mexiko.
1200 ◆ Entstehung der Olmekenkultur in Mexiko.
1200 ◆ Beginn der Chavínkultur in Peru.
1000 ◆ Beginn der Adena-Kultur im mittleren Ohiotal.

olmekische Hohlfigur aus Keramik, gefunden in Tlatilco

EUROPA

v. Chr.

33 000 ◆ Fast ganz Nordeuropa ist von Eis bedeckt.
30 000 ◆ Erste Höhlenmalereien in Spanien und Frankreich.
8300 ◆ Das Eis geht zurück. Das Mesolithikum (Mittelsteinzeit) beginnt in Nordeuropa.
5200 ◆ Anfänge von Landwirtschaft und Haustierhaltung.
5000 ◆ Herstellung von Kupfer- und Goldgegenständen auf dem Balkan.
3200 ◆ Bau von Stonehenge in England beginnt.
2450 ◆ Skara Brae auf den Orkney-Inseln wird durch einen Sturm zerstört.
2300 ◆ Beginn der Bronzezeit in Europa.
2000 ◆ Das Minoerreich beherrscht von Kreta aus das Mittelmeer.
1650 ◆ Entstehung der mykenischen Kultur in Griechenland.

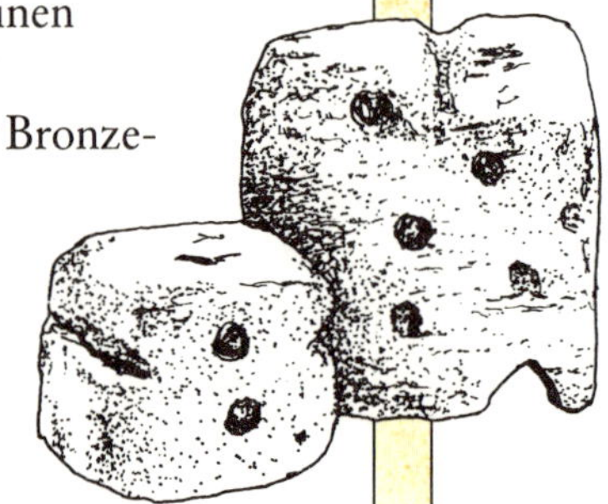

Würfel aus Skara Brae

1450 ◆ Vulkanausbruch auf Thera (heute Santorin) richtet in der Ägäis große Schäden an.
1100 ◆ Die Dorer wandern von Norden her nach Griechenland ein; das dunkle Zeitalter beginnt.
800 ◆ In Mittelitalien haben sich die etruskischen Stadtstaaten gebildet. Nördlich der Alpen herrscht die keltische Kultur vor.
776 ◆ In Griechenland finden die ersten Olympischen Spiele statt.
700 ◆ Beginn der Eisenzeit in Europa.
509 ◆ In Rom wird der letzte König abgesetzt; die Stadt wird zur Republik.
450 ◆ Athen erreicht den Höhepunkt seiner Macht.

AFRIKA MIT ÄGYPTEN

v. Chr.

200 000 ◆ Erste Spuren des Jetztmenschen (*Homo sapiens sapiens*) in Südafrika und im Nahen Osten.
24 000 ◆ Felszeichnungen in der Apollo-11-Höhle in Namibia sind die ältesten bekannten Kunstwerke in Afrika.
8500 ◆ Erste Felsbilder in der Sahara: Giraffen, Elefanten und Flußpferde.
7500 ◆ Erste Keramik in der Sahara.
6500 ◆ In der Sahara werden Wildrinder domestiziert.
4000 ◆ In Ägypten werden Boote mit Segeln ausgestattet.
3100 ◆ Menes vereinigt Unter- und Oberägypten.
2660 ◆ Beginn des Alten Reiches in Ägypten.
2650 ◆ Bau der Stufenpyramide des Djoser in Ägypten.
1800 ◆ In Ägypten werden Pferde eingeführt.
1730 ◆ Die Hyksos dringen in Ägypten ein, und die Israeliten siedeln sich dort an.
1552 ◆ Beginn des Neuen Reiches in Äypten.
1270 ◆ Die Israeliten verlassen Ägypten.
1200 ◆ Felszeichnungen zeigen Wagen aus der Sahara, die noch von Händlern durchquert werden kann.
1179 ◆ Seevölker greifen das ägyptische Reich an.
1165 ◆ Ramses III., der letzte große Pharao, stirbt.
1085 ◆ Ende des Neuen Reiches in Ägypten.
900 ◆ Das Kuschitenreich wird unabhängig.

NAHER UND MITTLERER OSTEN

v. Chr.

10 000 ◆ Erste Landwirtschaft im fruchtbaren Halbmond.
9000 ◆ Domestizierung von Schafen im Norden Mesopotamiens.
8000 ◆ Anbau von Weizen, Gerste und Hülsenfrüchten im fruchtbaren Halbmond.
7000 ◆ Catal Hüyük in Anatolien wird gegründet. Erste Keramik im Nahen Osten.
6500 ◆ In Catal Hüyük werden die ersten Textilien (Leinen) gewebt.
6200 ◆ In Catal Hüyük wird in geringem Umfang Kupfer bearbeitet.
5500 ◆ Erstes bekanntes Bewässerungssystem in Mesopotamien.
4500 ◆ Erste Segel auf Schiffen.
3750 ◆ Bronzebearbeitung.
3100 ◆ Die Sumerer erfinden eine Schrift.
3000 ◆ Fahrzeuge mit Rädern.
2360 ◆ Die Stadtstaaten im Süden Mesopotamiens werden unter Sargon von Akkad vereinigt.
2000 ◆ Abraham und seine Familie wandern von Ur nach Kanaan aus.
1700 ◆ Bronzerüstungen.
1650 ◆ Gründung des Hethiterreiches.
1595 ◆ Die Hethiter erobern Babylon.
1300 ◆ Meder und Perser besiedeln den heutigen Iran.
1116 ◆ Die Assyrer erobern Babylon.
1000 ◆ Die Phönizier werden die wichtigste Handelsmacht im östlichen Mittelmeer.
926 ◆ Israel teilt sich in Israel und Juda.
650 ◆ In Lydien in Anatolien werden die ersten Münzen benutzt.
609 ◆ Ende des Assyrerreiches.

INDIEN UND FERNER OSTEN

v. Chr.

16 000 ◆ In Japan entsteht die älteste bekannte Keramik der Welt.
9000 ◆ Keramik in China.
6500 ◆ Landwirtschaft in Indien.
6000 ◆ Gründung erster Bauerndörfer in China.
5000 ◆ Erster Naßfeldreisanbau in China.
4000 ◆ Jade wird über 4000 km nach China importiert und dient zur Herstellung von Schmuck und Waffen.
3500 ◆ Kupferbearbeitung in Thailand.
3000 ◆ Erste Spuren der Landwirtschaft in Korea: Hirseanbau.
2700 ◆ In China blühen Seidenweberei und Kupferbearbeitung.
2500 ◆ Im Indus-Tal entstehen erste Städte. In Mohendjo-daro wird der erste bekannte Baumwollstoff hergestellt.
2000 ◆ In Japan gedeiht die späte Jomon-Kultur.
1500 ◆ Die Arier wandern ins Indus-Tal ein.
1000 ◆ Die Chinesen bringen die Bronzebearbeitung nach Korea.
800 ◆ Im indischen Gangestal entstehen Stadtstaaten mit Reisanbau als Grundlage.
600 ◆ In Indien werden bei Kämpfen Elefanten eingesetzt.
563 ◆ Geburt von Buddha in Indien.
551 ◆ Geburt des chinesischen Philosophen Konfuzius.
550 ◆ Erste größere Eisenherstellung in China.
400 ◆ Eisenbearbeitung in Korea. Naßfeldreisanbau in Japan.

Perlen aus Mohendjo-daro

OZEANIEN

v. Chr.

53 000 ◆ Über die in der Eiszeit entstandenen schmalen Meeresarme und Landbrücken gelangen die ersten Menschen auf den australischen Kontinent.
45 000 ◆ In Südaustralien entsteht die älteste bekannte Felskunst der Welt.
25 000 ◆ Siedlungen bis nach Neuguinea, an die Südostküste Australiens und Tasmanien.
8000 ◆ Mit dem Ende der Eiszeit steigt der Meeresspiegel.
7000 ◆ Erste Landwirtschaft in Neuguinea. Angebaut wird Wurzelgemüse.
5000 ◆ Mit weiter steigendem Meeresspiegel werden die Küstensiedlungen Australiens überschwemmt; Tasmanien wird zur Insel.
1800 ◆ Die Besiedelung der Pazifikinseln beginnt.
1500 ◆ Einführung des Dingo (Wildhundart) in Australien.
1500 ◆ Die Lapita verbreiten sich von Indonesien aus nach Melanesien und in den Westen Polynesiens.
1000 ◆ Lapita-Kultur auf den Fidschi-, Tonga- und Samoa-Inseln.
1000 ◆ In Australien entstehen lange Transportwege für den Handel mit Schmuck und Rohstoffen. Im Südosten des Landes große Dörfer aus runden Steinhäusern.
300 ◆ Kolonisierung der Marquesas-Inseln durch Siedler der Lapita.
200 ◆ Erste Siedler erreichen die Osterinseln.

AMERIKA

310 ◆ Beginn der Hopewell-Kultur in den östlichen Waldgebieten Nordamerikas.
300 ◆ Aufstieg der Mayakultur in Mittelamerika.
200 ◆ Aufstieg der Nazca-Kultur an der Südküste Perus.

n. Chr.
1 ◆ Die Moche-Kultur beherrscht den Norden Perus. Im Südwesten Nordamerikas entsteht die Kultur der Korbmacher; eine weitere Hochkultur entwickelt sich an der Pazifikküste.
150 ◆ Die Stadt Teotihuacán wird gebaut, die erste planmäßig gebaute Stadt Mittelamerikas.
200 ◆ Die Hopewell bauen in Ohio riesige Grabhügel.
400 ◆ Erste Siedlungen der Inkas in Peru. Auf der Insel Marajó in der Amazonasmündung entsteht die Marajoara-Kultur.
500 ◆ Blütezeit von Teotihuacán in Mittelamerika. Mitte und Süden der südamerikanischen Anden werden von den Reichen Tiahuanaco und Huari beherrscht.

Oktavian

EUROPA

431 ◆ Beginn des Peloponnesischen Krieges zwischen Athen und Sparta.
390 ◆ Die Kelten plündern Rom.
336 ◆ Alexander der Große kommt an die Macht.
300 ◆ Rom gewinnt in Italien an Macht.
264 ◆ Beginn der Punischen Kriege zwischen Rom und Karthago.
206 ◆ Rom beherrscht Spanien.
59 ◆ Julius Cäsar wird römischer Konsul.
27 ◆ Oktavian (Augustus) wird erster römischer Kaiser.

n. Chr.
43 ◆ Die Römer dringen in Britannien ein.
79 ◆ Ein Ausbruch des Vesuv begräbt die römischen Städte Pompeji und Herculaneum.
117 ◆ Das römische Reich erreicht seine größte Ausdehnung.
126 ◆ In Britannien wird der Hadrianswall fertiggestellt.
286 ◆ Das römische Reich wird in zwei Teile geteilt.
330 ◆ Konstantin macht Konstantinopel zur Hauptstadt des römischen Reiches.
370 ◆ Hunnen fallen in Europa ein.
410 ◆ Die Westgoten plündern Rom. Das weströmische Reich bricht zusammen.
452 ◆ Attila dringt in Italien ein.
527 ◆ Justinian wird Kaiser von Byzanz und versucht, das alte römische Reich wiederzubeleben.

AFRIKA MIT ÄGYPTEN

750 ◆ Der Kuschitenkönig erobert Ägypten. Erste Hinweise auf eine phönizische Siedlung in Karthago.
600 ◆ Als die Eisenbearbeitung an Bedeutung gewinnt, wird die nubische Hauptstadt nach Meroë verlegt.
500 ◆ Dareios I. vollendet einen Kanal zwischen Nil und Rotem Meer.
400 ◆ In der Jos-Ebene in Nigeria erste Eisenbearbeitung südlich der Sahara.
400 ◆ Blütezeit der Nok-Kultur in Westafrika.
332 ◆ Alexander der Große erobert Ägypten.
323 ◆ Ptolemäus I. wird Herrscher von Ägypten.
146 ◆ Die Römer zerstören Karthago.
30 ◆ Ägypten wird römische Provinz.

n. Chr.
1 ◆ Einwanderung der Bantuvölker nach Ostafrika beginnt.
50 ◆ Das Reich von Aksum in Äthiopien dehnt sich aus.
350 ◆ Aksum erobert das Kuschitenreich. Das Christentum erreicht Äthiopien.
400 ◆ Jenne-jeno, die erste Stadt südlich der Sahara, wird gegründet.
429 ◆ Die Vandalen überrennen das römische Reich in Nordafrika und gründen einen eigenen Staat.
500 ◆ Die Bantuvölker erreichen Südafrika und bringen Rinderzucht sowie Metallbearbeitung mit.

NAHER UND MITTLERER OSTEN

550 ◆ Um das Rote Meer und den Golf von Aden entstehen neue Staaten; ihre Grundlage ist der Weihrauch- und Myrrhehandel zwischen Südarabien und dem Mittelmeer.
525 ◆ Perser erobern Ägypten.
499 ◆ Das Perserreich ist auf dem Höhepunkt seiner Macht.
334 ◆ Alexander der Große beginnt mit der Eroberung des Perserreiches.
312 ◆ Die Seleukiden beherrschen Syrien.
250 ◆ Beginn der Partherdynastie im Norden Persiens.
53 ◆ Die Parther verhindern die Osterweiterung des römischen Reiches.
5 ◆ Jesus wird geboren.

n. Chr.
1 ◆ Durch die Entdeckung der Monsunwinde verstärkt sich der Handel zwischen Rotem Meer und Indischem Ozean.
30 ◆ Jesus wird gekreuzigt.
70 ◆ Die Römer zerstören Jerusalem. Die Zerstreuung (Diaspora) der Juden beginnt.
224 ◆ Die Sassaniden werden Herrscher des Perserreiches.
300 ◆ Der Seehandel tritt an die Stelle das Landhandels mit Weihrauch und Kräutern; die südarabischen Reiche zerfallen.
330 ◆ Konstantinopel wird Hauptstadt des römischen Reiches.
484 ◆ Die Hunnen greifen Persien an und töten den Kaiser.
529 ◆ Kaiser Justinian versucht, den Nahen Osten zu erobern.
579 ◆ Das persische Sassanidenreich erreicht seine größte Ausdehnung.

INDIEN UND FERNER OSTEN

321 ◆ In Nordindien kommt die Maurja-Dynastie an die Macht.
273 ◆ Beginn der Herrschaft Aschokas in Indien. Er führt den Buddhismus ein.
250 ◆ Buddhismus auf Ceylon.
221 ◆ Ch'in-Dynastie in China.
218 ◆ Arbeiten zur Vollendung der Chinesischen Mauer.
202 ◆ Han-Dynastie in China.
108 ◆ China beherrscht Korea.
100 ◆ Der Buddhismus breitet sich von Indien über die Handelswege nach Osten aus.
50 ◆ Seidenhandel zwischen China und dem römischen Reich.

n. Chr.
105 ◆ Erfindung des Papiers in China.
200 ◆ Beginn der Yamato-Herrschaft in Japan.
220 ◆ Beginn einer Bürgerkriegszeit in China, die bis 589 dauert.
320 ◆ In Nordindien kommt die Gupta-Dynastie an die Macht.
360 ◆ Japan erobert Korea.
400 ◆ Entlang der Seidenstraße werden buddhistische Höhlentempel gebaut.
475 ◆ In den buddhistischen Höhlentempeln von Ajanta in Indien werden Wandmalereien angebracht.
535 ◆ In Indien bricht das Gupta-Reich zusammen.
594 ◆ In Japan wird der Buddhismus zur Staatsreligion.
618 ◆ In China kommt die Tang-Dynastie an die Macht.

OZEANIEN

n. Chr.
200 ◆ Im Westpazifik verschwindet die Lapita-Kultur mitsamt ihrer Töpferkunst.
300 ◆ Erste Siedler gelangen nach Tahiti.
500 ◆ Polynesische Siedler erreichen die Hawaii-Inseln.

typisch polynesische Hütte

Glossar der Personen- und Ortsnamen

Erläuterungen zu Menschen, Völkern, Städten und Ländern

Akkad ◆ Sumerische Stadt, die von König Sargon gegründet wurde, nachdem er die Stadtstaaten am Euphrat vereinigt hatte. Irgendwo dort lag auch Akkad, aber die genaue Lage ist unbekannt.

Alexandria ◆ Von Alexander dem Großen 331 v. Chr. gegründete Stadt in Ägypten. In der Bibliothek mit über 700 000 Buchrollen schrieb unter anderem Euklid sein Lehrbuch der Geometrie.

Anatolien ◆ Anderer Name für Kleinasien, den Teil Asiens zwischen Schwarzem Meer, Ägäis und östlichem Mittelmeer.

Aramäisch ◆ Syrische Sprache, die zu Zeiten Jesu im Nahen Osten weit verbreitet war. Der Name kommt von „Aramaios“, dem griechischen Wort für Syrien.

Aristoteles ◆ Griechischer Philosoph und Wissenschaftler. Er war eine Zeitlang Erzieher Alexanders des Großen und lehrte nach dessen Thronbesteigung im Lykeion, einer berühmten Schule in Athen. Er starb im Jahre 322 v. Chr.

Assur ◆ Die alte Hauptstadt Assyriens. Assur war ein Handelszentrum und blieb Religionszentrum und Begräbnisort, auch nachdem die Könige den Regierungssitz nach Ninive verlegt hatten.

Attila ◆ Wurde 434 mit seinem Bruder Bleda König der Hunnen. Nachdem er Bleda umgebracht hatte, drang er mit einem Reiterheer nach Ungarn und nach Frankreich ein, wo er 451 auf den Katalaunischen Feldern geschlagen wurde. Er starb im Jahre 453.

Brahma ◆ Schöpfergott des Hinduismus. Wird oft mit vier Armen und vier Köpfen dargestellt.

Burgunder ◆ Germanenstamm, der nach dem Ende des römischen Reiches nach Süden wanderte und der Landschaft Burgund im Osten Frankreichs ihren Namen gab.

Buschleute ◆ Jäger und Sammler, von denen einige noch heute in Botswana auf die traditionelle Art leben. Ihre Felszeichnungen findet man in vielen Teilen Südafrikas.

Byzanz ◆ Der alte Name für Istanbul. Wurde 330 n. Chr. von Kaiser Konstantin in Konstantinopel umbenannt, als es Hauptstadt des römischen Reiches wurde. Als die Macht Roms schwand, sprach man vom Byzantinischen Reich.

Alexander der Große, Schüler des Aristoteles

Dorer ◆ Volksstamm, der um 1100 v. Chr. von Norden her nach Griechenland einwanderte. Die Dorer sprachen eine Form des Griechischen und hielten mykenische Sagen in langen Gedichten lebendig. Als erste stellten sie Schwerter und andere Waffen aus Eisen her.

Elam ◆ Königreich im Südwesten des heutigen Iran. Hauptstadt war Susa; in der heiligen Stadt Dur-Untasch stand eine sechs Stockwerke hohe Zikkurat.

Euklid ◆ Griechischer Mathematiker, der um 300 v. Chr.

lebte. Berühmt durch seine Arbeiten zur Geometrie.

Franken ◆ Germanischer Stamm, der nach dem Ende des römischen Reiches nach Süden wanderte. Schlugen die Burgunder und ließen sich im früheren Gallien nieder, das nach ihnen Frankreich genannt wurde.

Gallien ◆ Römischer Name für das heutige Frankreich; die dort lebenden Kelten hießen Gallier.

Goten ◆ Germanischer Stamm, vermutlich aus dem Gebiet zwischen Oder und Weichsel. Teilte sich im 3. Jahrhundert in Ost- und Westgoten.

Hallstatt ◆ Frühe keltische Siedlung in den österreichischen Alpen. Die Bewohner wurden durch Bergbau und Salzhandel reich. Als man dort im 19. Jahrhundert etwa 1000 Gräber freilegte, fand man auch viele Kunstwerke. Der Ort gab der ersten Phase keltischer Kultur ihren Namen.

Hannibal ◆ Karthagischer Feldherr; wurde berühmt, weil er in 15 Tagen 50 000 Soldaten, 9000 Reiter und 37 Elefanten zum Angriff auf Rom über die verschneiten Alpen führte. Er errang zwischen 218 und 216 v. Chr. drei wichtige Siege über die Römer. Diese schickten im Gegenzug den Feldherrn Scipio nach Karthago, der Hannibal dort 202 v. Chr. besiegte.

Hattuša ◆ Hethitische Hauptstadt. Bei Ausgrabungen wurden dort über 3000 Keilschrifttäfelchen gefunden.

Hippokrates ◆ Griechischer Arzt, geboren im 5. Jahrhundert v. Chr., der viel in Griechenland und Kleinasien reiste. Nach ihm ist der „hippokratische Eid" der heutigen Ärzte benannt.

ein Arzt in einem griechischen Relief

Hominiden ◆ Familie der Primaten oder Herrentiere, zu der auch der Jetztmensch und seine menschenähnlichen Vorfahren wie der Neandertaler gehören.

Hunnen ◆ Nomadenstamm, ursprünglich aus der Mongolei; hervorragende Reiter und Kämpfer. Wurden unter Attila vereinigt, aber nach dessen Tod nahm ihr Einfluß ab.

Hyksos ◆ Nomadenstamm aus Asien, der über Palästina und Syrien schließlich bis ins ägyptische Nildelta vordrang.

Judas Makkabäus ◆ Jüdischer Revolutionsführer, der 167 v. Chr. den Aufstand gegen die durch Antiochos IV. veranlaßten Judenverfolgungen anführte; Antiochos hatte den Tempel von Jerusalem dem griechischen Gott Zeus geweiht. Der jüdische Glaube wurde 164 v. Chr. wieder anerkannt.

Julius Cäsar ◆ Römischer Feldherr und Staatsmann, geboren 100 v. Chr. Wurde 59 v. Chr. zum Konsul gewählt und eroberte in den folgenden zehn Jahren zahlreiche neue Gebiete für Rom, darunter auch Gallien. Als Cäsar mächtig genug war, entmachtete er den Senat, ordnete den Staat neu und wurde Diktator auf Lebenszeit. Im Jahre 44 v. Chr. allerdings kam es unter der Führung von Brutus und Cassius zu einer Verschwörung unter einigen Senatoren, und Cäsar wurde an den Iden des März ermordet.

Larsa ◆ Stadtstaat mit Palast am Euphrat zwischen Ur und Babylon. In seiner Blütezeit regierte der König von Larsa über etwa zehn andere Herrscher.

La Tène ◆ Keltische Siedlung am Neuenburger See in der heutigen Schweiz. Der Ort, der heute unter Wasser liegt, war um 500 v. Chr. ein wichtiges Landwirtschafts- und Handelszentrum. Die dort gefundenen Gegenstände unterscheiden sich im Stil von denen aus Hallstatt; nach La Tène wurde deshalb die spätere keltische Periode benannt.

Marathon ◆ Ort an der Ostküste Griechenlands; hier schlug Athen 490 v. Chr. mit einer kleinen Armee die Perser. Vom

Marathonlauf spricht man, weil ein Bote die etwa 42 Kilometer (die heutige Marathonstrecke) vom Schlachtfeld bis nach Athen lief, um die Nachricht vom Sieg zu überbringen. Dort angekommen, brach er mit den Worten „Wir haben gesiegt" tot zusammen.

Mari ◆ Stadt und Königreich in Mesopotamien. Lag am Euphrat am Schnittpunkt von drei Handelswegen. Man handelte hier mit Zinn, Kupfer, Silber, Lapislazuli, Holz und Textilien.

Meder ◆ Halbnomadenstamm aus der Gegend südwestlich des Kaspischen Meeres. Sie wanderten zur gleichen Zeit wie die Perser in den heutigen Iran und waren anfangs das mächtigere der beiden Völker.

Mose ◆ Israelischer Gesetzesverkünder, der sein Volk aus der ägyptischen Sklaverei führte. Nach dem Alten Testament dauerte der Rückweg nach Israel 40 Jahre. Am Berg Sinai soll Mose die Zehn Gebote erhalten haben.

Napata ◆ Ursprünglich Hauptstadt des Kuschitenreiches. Als die Eisenbearbeitung immer wichtiger wurde, verlegte man die Hauptstadt nach Meroë, wo es mehr Eisen gab.

Ostgoten ◆ Eine der beiden Untergruppen der Goten nach der Teilung im 3. Jahrhundert . Die Ostgoten siedelten sich im Südosten Europas an, verloren ihr Land aber 375 n. Chr. an die Hunnen.

Paulus ◆ Ein Jünger Jesu, der das Christentum ab 45 n. Chr. in Kleinasien, Zypern und Griechenland verbreitete. Seine 13 Briefe bilden einen großen Teil des Neuen Testaments. Er wurde wahrscheinlich 64 n. Chr. unter Nero in Rom hingerichtet.

Peloponnesischer Krieg ◆ Krieg zwischen Athen und Sparta, von 431 bis 404 v. Chr. Die Spartaner unter Lysander siegten.

Philister ◆ Kriegerisches Seefahrervolk, das sich nach der Vertreibung aus Ägypten in Kanaan ansiedelte. Widersetzte sich den Israeliten, als diese aus Ägypten kamen. Der Teil Kanaans, in dem sie lebten, wurde Palästina genannt.

Phryger ◆ Volk aus Thrakien, das sich nach dem Ende des Hethiterreiches in Kleinasien ansiedelte. Hauptstadt war Gordion. Die Phryger sollen die Stickerei erfunden haben.

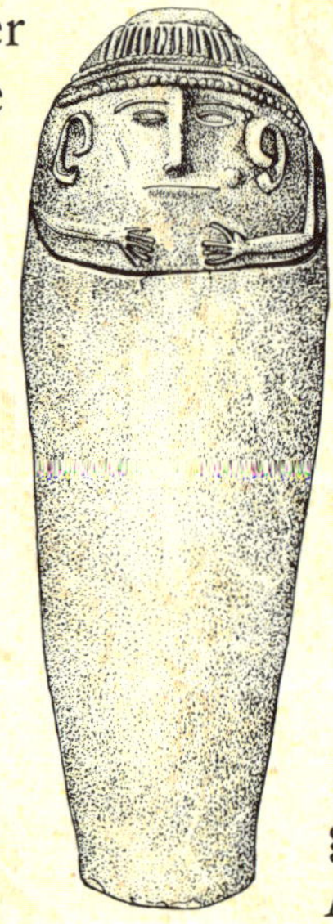

Graburne der Philister

Platon ◆ Griechischer Philosoph, geboren 427 v. Chr., Schüler von Sokrates. Seine Werke haben die Form von Gesprächen.

Pythagoras ◆ Griechischer Philosoph und Mathematiker, starb 497 v. Chr.

Salamis ◆ Ort einer Seeschlacht zwischen Griechen und Persern 480 v. Chr. Die griechischen Triremen stifteten unter den persischen Schiffen große Verwirrung und besiegten sie.

Sachsen ◆ Germanischer Stamm, der nach Abzug der Römer in den Süden und Osten Britanniens einwanderte.

Seleukiden ◆ Herrscherdynastie im Ostteil des Reiches von Alexander dem Großen nach dessen Tod. Begründer war Seleukos I., ein Feldherr unter Alexander.

Skythen ◆ Nomadenvolk, das im 6. Jahrhundert v. Chr. nördlich des Schwarzen Meers lebte. Die Skythen, begabte Künstler und Metallhandwerker, handelten mit den Griechen.

Sokrates ◆ Der berühmteste griechische Philosoph, geboren 470 v. Chr. in Athen. Wegen seiner Proteste gegen die Gewaltherrschaft wurde er vor Gericht gestellt und 399 v. Chr. zum Tode durch Gift verurteilt.

Telamon ◆ Ort einer Schlacht zwischen Römern und Kelten 225 v. Chr.; zuvor hatten sich über 70 000 Kelten verschiedener Stämme vereinigt, um Rom anzugreifen. Auf dem Rückweg in ihre Heimat gerieten sie zwischen zwei überlegene römische Armeen; 40 000 Kelten wurden getötet, und 10 000 gerieten in Gefangenschaft.

Thermopylen ◆ Paß in Griechenland, an dem 480 v. Chr. eine Schlacht zwischen Griechen und Persern stattfand. Die Perser siegten, doch der spartanische König Leonidas verteidigte den Paß mit 300 Soldaten drei Tage lang, so daß der Rest der griechischen Armee entkommen konnte. Diese Leistung ermutigte die Griechen, weiterzukämpfen, und im folgenden Jahr besiegten sie die Perser.

Thrakien ◆ Gebiet im Norden des Balkan, das für Pferde und Reiter berühmt war. Die Küsten wurden im 8. Jahrhundert v. Chr. von Griechen kolonisiert; später drangen Perser, Makedonier und Römer ein.

Trojanischer Krieg ◆ Sagenhafter Krieg, der in Homers Ilias beschrieben ist. Er entbrannte, als der trojanische Königssohn Paris die schöne Helena, Tochter des Spartanerkönigs Menelaos, entführte. Agamemnon, Bruder von Menelaos und König von Mykene, stellte eine Armee auf und belagerte Troja. Den Ausgrabungen in Troja zufolge war die Stadt zu einer Zeit, die zur Sage paßt, tatsächlich in einen Krieg verwickelt.

Uruk ◆ Eine der ältesten sumerischen Städte und Religionszentrum. Man fand hier Keramik aus der Zeit um 5000 v. Chr. Uruk war Hauptstadt von Sumer, bevor Ur an Bedeutung gewann; als heilige Stadt war Uruk weiterhin wichtig.

Vandalen ◆ Germanischer Stamm, der von Skandinavien durch ganz Europa und über Spanien nach Nordafrika wanderte und dort 429 n. Chr. ein Königreich gründete. Die Vandalen plünderten 455 n. Chr. Rom und hausten dabei so schrecklich, daß der Begriff „Vandalismus“ entstand.

Veden ◆ Heilige Bücher des Hinduismus, geschrieben in Sanskrit. Die Veden verteilen sich auf vier Hauptbücher, die jeweils Lobgesänge, Gebete, heilige Worte und Rituale enthalten.

Vesuv ◆ Vulkan bei Neapel in Süditalien, etwa 1200 Meter hoch. Der Vulkan galt im Altertum als erloschen, doch 79 n. Chr. kam es zu einem gewaltigen Ausbruch, und die Städte Herculaneum, Stabiae und Pompeji wurden unter Lava und Asche begragen. Der Vulkan ist auch heute noch aktiv.

Vishnu ◆ Der Erhalter, ein wichtiger Gott der Hindus. Er tritt in verschiedenen Formen auf; die bekanntesten sind Rama und Krishna.

Westgoten ◆ Westliche Gruppe der Goten; wanderten vom Balkan südlich nach Rom und beherrschten später Gallien und Spanien. In Gallien wurden sie 507 n. Chr. von den Franken besiegt, doch in Spanien dauerte ihre Macht bis 711 n. Chr.

Zarathustra ◆ Auch Zoroaster genannt; persischer Prophet, geboren etwa 628 v. Chr. Vermutlich war er Priester der alten Religion mit ihren vielen Göttern, aber dann erschien ihm der Gott Ahura Masda. Von da an predigte er eine neue Lehre, bei der die Verehrung von Ahura Masda entscheidend war; seine Weisheiten stehen in dem Werk Avesta, dem heiligen Buch des Zoroastrismus.

zoroastrischer Feuertempel in einer Reliefdarstellung

REGISTER

Fettgedruckte Begriffe beziehen sich auf Kapitel oder Abschnitte; **fettgedruckte** Seitenzahlen verweisen ebenfalls auf Abschnitte oder auf Glossarbegriffe. *Kursive* Seitenzahlen verweisen auf Abbildungen.

Illustrationen

Jonathan Adams 107 oben; Marion Appleton 37, 128, 129 oben; Norman Bancroft-Hunt 99, 132/133; Sue Barclay 34; Richard Bonson 142; Vanessa Card 31 unten, 59 unten, 73 unten, 100 Mitte, 118 sowie Schmuckrahmen; Stephen Conlin 20 unten, 45 oben; Peter Dennis 14, 22/23, 48, 108/109; Angelika Elsebach 130; Eugene Fleury Karten 75 und 98; Chris Forsey 23 unten, 45 Mitte, 121 oben, 129 Mitte links, 132; Sian Frances 84 unten; Terry Gabbey 6 unten, 27, 87 oben, 93, 110, 119, 131; Luigi Galante 26, 60 unten; Nicholas Hewetson 21, 41 oben, 65 unten; Adam Hook 66/67, 79 oben, 136 unten links, 136/137 oben; Simon Huson 136 unten rechts; Tony Jackson 129 unten; Ruth Lindsay 19 unten, 58 unten; Kevin Lyles 81 oben, 112/113 unten; Kevin Maddison 36 oben, 47 oben, 90 oben, 94 Mitte, 112 oben rechts und unten links; Angus McBride 20 oben, 24/25, 31 oben, 35, 40/41 unten, 44, 50 oben , 83 unten, 90/91 unten, 100/101 unten, 104/105, 120/121 unten; Chris D. Orr 15, 126; Nicki Palin 46, 50/51 unten, 51 oben, 61; Jayne Pickering 78 oben; Malcolm Porter 10 oben links; Eric Robson 56, 58/59 oben, 80, 86, 116/117, 126/127 oben; Bernard Robinson 142/143 oben; Martin Sanders alle Kapitelaufmacherkarten; Rob Shone 8 rechts, 60 oben; Mark Stacey 42/43 unten, 74, 96, 111; Eric Thomas 36/37, 68; George Thompson 42 oben, 65 oben, 107 unten, 144 oben; Gill Tomblin 64, 73 oben, 78/79 unten; Wendy Webb 18; Andrew Wheatcroft 12, 13, 30, 32, 92, 94/95 unten, 122, 134, 140/141

Schwarzweißillustrationen: Jonathan Adams, Karin Ambrose, David Anstey, Tim Bailey, Angelika Elsebach, Chris Forsey, Terry Gabbey, Allan Hardcastle, Chris Lenthall, Kevin Maddison and Rodney Shackell

Photographien

4 CM Dixons (CMD); 6 Dänisches Nationalmuseum; 7 oben links Werner Formans Archive (WFA); 7 unten rechts The Trustees of the British Museum (BM); 8 oben links Ancient Art and Architecture (AAA); 8 unten links ZEFA; 9 oben Réunion des Musées Nationaux; 9 Mitte rechts Mary Evans; 9 unten links Aerofilms; 12 ZEFA; 15, 21, 22 Michael Holford (MH); 27 WFA; 33 MH; 34/35 ZEFA; 36 BM; 40 MH; 49, 55 oben ZEFA; 55 unten Directorate of Archaeology and Museums, Government of Pakistan; 57 oben ZEFA; 57 unten MH; 69 Robert Harding Picture Library (RH); 75 ZEFA; 78 AAA; 82 CM Dixons; 87 ZEFA; 90 MH; 95 WFA; 97 G. Dagli Orti; 98, 101, 104, 105 ZEFA; 106 WFA; 109 oben links BM; 109 unten rechts AAA; 110/111 ZEFA; 116 The Hutchinson Library; 118 ET Archive; 120 RH; 123 oben links WFA; 123 unten rechs Camerapix; 128/129 Ohio Historical Society; 132 WFA; 135 MH; 137 South American Pictures; 140 WFA